LA FORCE PERSONNELLE
CONTRE LE HASARD

M. L. NEUMEYER

La Force Personnelle contre le Hasard

ÉDITIONS NILSSON
71, Rue Richelieu, 71
PARIS

1. — L'HOMME DEVANT LE HASARD

Le hasard ; ce qu'il est ; théories diverses.

Qu'est-ce que le hasard ?

Ce mot mystérieux qui est sur toutes les lèvres, dans toutes les pensées, écrit en tous les livres au moins une fois, est ensemble une menace et un conseil.

Une menace, parce que, pour chaque être qui pense, l'inconnu est le lieu des épouvantes invincibles.

L'homme, venu il ne sait d'où, allant vers un mystère que rien n'a jamais éclairci, se sent faible et désarmé devant le lendemain, le futur, gros d'événements qu'il ignore.

Plus l'intelligence est active et hardie, plus elle est « aux abois » du hasard, car plus elle a le don d'imaginer, d'envisager, plus ses pensées s'évertuent à redouter l'avenir et sa rumeur lointaine de possibles souffrances.

La souffrance est toute l'horreur humaine,

Or l'humain est voué aux douleurs, il le sait, il en est convaincu dès qu'il est en âge de juger, c'est ce supplice fatal qui le fait craintif, c'est cette malédiction réelle qui rétrécit autour de lui le cercle des angoisses.

Donc l'inconnu, le sort, tout ce qui est mystère et lendemain, constitue une menace et c'est tout cela qui est du hasard.

Mais, au fait, le hasard existe-t-il ?

Il y a une théorie qui fait de lui la fatalité. Elle énonce que tout ce qui arrive était marqué en un mystérieux livre des destinées, était arrêté irrévocablement par une toute puissance. Elle dit : « Quoi que vous fassiez, vous n'éviterez pas votre sort. » Elle dit aussi : « C'était écrit ». C'est le fatalisme qui nous vient d'Orient. Théorie briseuse d'efforts, tueuse d'énergie, endormeuse de volonté.

Selon elle, l'être est une machine conduite au gré d'une force, dominé, tenu sous un joug dont nulle révolte ne peut le défendre.

A quoi bon lutter alors ? Pourquoi essayer de conduire sa vie ? Tout travail, toutes qualités, tout perfectionnement ne feront pas varier le rôle tracé d'avance sur le théâtre de l'existence. C'est donc folie que se priver de jouissances et se meurtrir de perfectionnements. Puisque c'est écrit, reposons-nous donc. Attendons silencieux et calmes que notre destin s'accomplisse.

Doctrine du repos et de l'inertie. Je ne veux pour exemple de son effet déplorable que l'arriéré dans lequel sont demeurés les peuples qu la pratiquent. Allez en Algérie et vous verrez que les mœurs des fatalistes sont demeurées ce qu'elles étaient avant Jésus-Christ.

Mauvaise doctrine qui paralyse chaque élan et atrophie le sens du moi, puisqu'elle détruit absolument le sentiment de la valeur humaine et de sa force personnelle face à la nature et à l'univers.

Pris en ce sens, il est évident que le hasard est tout puissant, rien ne prévaut contre lui ; le sort existe, rien ne pourra l'empêcher d'être.

D'apparence, cette théorie est parfois argumentée ; c'est d'elle que vient le découragement et la peur. L'homme se sent vaincu d'avance par cette fatalité et il courbe le front devant elle comme devant une divinité du mal.

La surface effrayante des circonstances a pu souvent lui donner une forme de vérité, un tragique triomphe et éteindre dans l'âme de ceux qui étaient frappés les dernières résistances, les sursauts d'énergie qui faisaient d'eux des croyants de la force humaine.

C'est une pénible histoire de guerre que celle de cette famille qui avait trois beaux fils combattant au front de France. Les deux premiers sont tués, le troisième occupe un poste dangereux. Le père et la mère ivres de chagrin, veulent au moins conserver un enfant, le dernier. Leur douleur est si grande, si navrante qu'elle émeut en haut lieu et que — chose qu'on pense impossible — le troisième fils est envoyé hors des tranchées où pleut la mort, dans un convoi de ravitaillement. Les deux vieux inconsolés, mais plus calmes, étayent leurs espoirs sur cette chère tête que la France veut bien leur protéger au sein du devoir ; tout l'amour, tout le lendemain se reporte sur l'enfant sauvé.

Un soir, on frappe à la porte. Ils se regardent.

— Va ouvrir père... Mais qu'as-tu, tu es pâle !

— Et toi ma bonne...

— Père !... j'ai peur.

— Pourtant... il est en sécurité !

— Oh ! tu as la même pensée que moi...

Ils ouvrent, tremblants, et... le même homme qui est venu deux fois, le messager terrible, est là, derrière cette porte où se tiennent les deux vieux béants d'horreur.

Oui, le troisième fils avait, à son tour été frappé, en pleine ville par la bombe d'un avion.

Un fataliste dirait : « C'était écrit ». Quoi qu'on ait fait, ce soldat était parti à la guerre avec sa destinée dans sa giberne et elle l'a suivi jusqu'à l'arrière pour le frapper malgré tout, victorieuse, comme si elle avait voulu lui dire, avec un rictus macabrement moqueur :

— Je savais où te retrouver. »

Laissons aux fatalistes leurs convictions.

Frappant aussi est cet autre exemple :

Un territorial, aux tranchées de... s'échappe clandestinement quelques heures, puis revient à la tombée de la nuit. Soudain, comme il allait regagner tranquillement son boyau une ombre surgit devant lui.

— D'où viens-tu donc ?

C'était un officier. L'homme essaie de mentir, bredouille, puis avoue.

— Sais-tu que tu as déserté ton poste et que c'est grave ?

Le soldat est père de famille, c'est au fond un brave type qu'une escapade a tenté, l'officier est paternel.

— Que ceci reste entre nous. Je ne te punis point, ne recommence pas, mais tu garderas ta place de guetteur toute la nuit. Seuls toi et moi saurons que tu expies ta sottise.

La nuit, au guet, devant le créneau, le territorial est tué net d'une balle dans la tête.

Ce n'était pas son heure de garde, diront les fatalistes ; depuis le matin, le hasard, le destin, conduisaient cet homme à la mort, l'officier rencontré était l'envoyé de la fatalité.

Il est évident que devant ces faits, si l'on se place à l'ombre des théories d'effroi, le hasard est une menace, une force invincible contre laquelle nulle force ne peut s'ériger et vaincre.

Pourtant, nous disions plus loin que le mot hasard, qui contient peut-être une idée désespérante, une image où se viennent effrayer les yeux et se heurter les faiblesses, est aussi un conseil.

Dans la vie, si nous voulons regarder en arrière avec une âme clairvoyante et un esprit en équilibre, nous constatons que rien n'est neuf.

Tout ce qui arrive est arrivé déjà. Non à nous, peut être, mais à d'autres. Non en notre siècle d'existence, mais en des temps passés. La forme des événements a peut-être un peu varié parce que les mœurs ont changé, mais l'ensemble et les résultats ont une identité frappante.

Rien ne doit jamais surprendre.

Or, en cette théorie du déjà vu, déjà senti, déjà vécu, le hasard n'existe plus. Ou du moins il n'est pas une force brutale, il est une force vivante, intelligente qui peut être heurtée de front, soumise, battue, vaincue. Il est l'imprévu, l'inconnu que l'on peut imaginer et prévoir.

L'homme a le don de la pensée, du souvenir, il juge et compare parce qu'il a l'intelligence.

Il peut tirer du passé des leçons et des secours pour l'avenir, il peut prévoir.

Prévoir, ce sera s'armer contre l'imprévu, contre le hasard, ce sera dresser sa force contre les forces fatales.

Qui n'a nul souvenir est faible et démuni.

Adam et Eve vivaient heureux en leur paradis terrestre, mais ne sachant rien, ne craignant rien, ils ne prévoyaient rien. Le serpent fut le hasard. Aucune force personnelle ne put lui être opposée sans expérience. Adam et Eve perdirent le paradis. Si le monde renaissait et qu'Eve prévenue rencontrât le serpent, si belle que soit la pomme, si douces que soient les promesses du fils du mal, notre blonde mère détournerait la tête et puiserait en elle toutes les forces triomphantes nées d'une expérience cruelle. Le hasard face à elle ne pourrait vaincre ses énergies réalisées.

Entre le fatalisme et l'imprévu, deux théories adverses, il y a sans doute, à nos sens d'humains non encore parfaitement arrivés à l'état de développement philosophique, une théorie qui est « l'obscurité demeurée de certains faits », faits pour lesquels aucun argument n'a encore pu avoir de force éclaircissante.

Cette obscurité disparaîtra elle aussi à mesure que s'élargira le champ des pensées et des connaissances humaines, la théorie de l'inconnu aura ses mécréants comme les religions ont les leurs et les preuves seront faites de tout le lendemain.

Ce sera le triomphe de l'homme sur l'Univers et la déroute de tous les effrois, la faillite des désespoirs, l'aveu du monstrueux.

Nous sommes capables de tout connaître et de tout vaincre.

Or, cette force qui est en nous, demeure pourtant encore embryonnaire. En notre état actuel, on peut dire qu'il y a des « imprévus obscurs » des hasards qu'on ne peut prévoir, ni empêcher.

On peut aussi affirmer que certaines phases de hasard succombent devant les forces préventives. Le hasard n'est alors que de l'imprévu qui triomphe fatalement de l'être qui n'a pas su le terrasser, qui s'efface devant celui qui a su lui opposer l'effort victorieux de sa clairvoyance.

La fatalité aura été l'aveuglement pour celui que le hasard aura frappé. Ce sera « un hasard malheureux », ainsi que la faiblesse qualifie ces coups du sort qui étonnent et abattent les plus beaux courages. Pourtant en songeant, en creusant le passé et ses conséquences, il est simple d'en tirer une leçon, celle de la prévoyance, de la double vue raisonnée et intelligente.

« Gouverner c'est prévoir », dit-on.

En prévoyant, l'homme gouverne les destinées et en triomphe.

Il faut, en cet effort, une vraie volonté, une énergie. Il faut que devant l'inconnu se dresse un véritable adversaire.

Tout être qui entreprend quelque chose, que ce soit à brève ou longue échéance, a le devoir de prévoir, d'envisager les dangers et les heurts, il est ainsi paré contre l'inconnu et tel coup qui l'aurait dérouté ne fait que l'effleurer, il est le soldat bardé de fer qui circule au milieu des balles et défie les attaques meurtrières.

Nous sommes encore incapables de connaître, soit, mais nous avons le devoir de récupérer nos forces actives en prenant comme conseil ce qui fut : c'est l'entraînement contre l'adversaire.

Que les Parisiens se souviennent de notre grande guerre, de cette étonnante, surprenante victoire de la Marne, de cet arrêt brusque de la horde allemande qui déferlait en vague pressée sur Paris.

Miracle ! cria-t-on.

Et d'aucuns rendirent un pieux hommage à Sainte-Geneviève, la vierge du ve siècle, devant laquelle s'enfuirent les Huns et Attila.

N'était-elle pas la patronne de cette vieille Lutèce sauvée par elle ? Son ombre blanche apparaissait, dit-on, aux heures du danger suspendu sur Paris et quand on savait la prier de toute sa foi, la sainte bienheureuse et toute puissante opérait des miracles et délivrait la grande ville.

Sainte-Geneviève a-t-elle fait reculer la horde de l'Attila moderne ?

— « Oui » diront avec ferveur les croyants.

« Bienheureux hasard » diront les athées.

Ni miracle, ni hasard mais tout héroïquement, tout simplement cohésion triomphante de forces raisonnées d'une part, et défaite d'une faiblesse de l'autre.

Face à face, pourtant, la force semblait aux Allemands, la faiblesse à la France. Rien ne pouvait sauver Paris de l'étreinte boche... Rien qu'un *miracle*, qu'*un bienheureux hasard*.

Ce miracle, ce bienheureux hasard a trois trois visages, trois aspects, trois noms, il se nomme :

Joffre, Galliéni, von Kluck.

Et voici comment le destin fut terrassé sur la Marne et sous les murs de Paris but suprême des orgueils et des rêves allemands :

D'une part, *prévision* : un de nos généraux, homme d'expérience et de tête a su voir plus loin que le danger menaçant, plus loin que le présent et escompter une chance demeurée sur l'avenir. Il concentre des troupes pour couvrir la capitale, pressentant que l'Allemand néglige le souci de ces effectifs et se trompe sur leur valeur.

Ayant augmenté le nombre des combattants, le général a l'initiative précise, nette, claire, de l'attaque brusquée de flanc.

Les chefs d'armées reçoivent, en même temps, l'ordre général de profiter de la situation avancée des troupes ennemies et prendre les dispositions voulues pour attaquer sur tout le front. Ces soldats de France qui depuis des jours et des jours battent en retraite sous la poussée de la horde reçoivent soudain l'ordre de s'arrêter et de faire face, soutenus par les troupes fraîches gardées précautionneusement. C'est le plan, imprévu par Kluck, d'une terrible offensive générale, une reprise impressionnante et incroyable d'énergie.

Prévision triomphante doublée de volonté.

Volonté stoïque implacable, écrite en lettres de sang et de feu en cet ordre du jour autoritaire et mémorable de notre généralissime, proclamation qui galvanisa le courage de nos fiers combattants et en fit des héros invincibles :

« Au moment où s'engage une bataille dont
« dépend le salut du pays, il importe de rappeler
« à tous que le moment n'est plus de regarder
« en arrière ; tous les efforts doivent être employés
« à attaquer et à refouler l'ennemi.

« Une troupe qui ne peut plus avancer devra
« coûte que coûte garder le terrain conquis et se
« faire tuer sur place plutôt que de reculer. Dans
« les circonstances actuelles, aucune défaillance
« ne peut plus être tolérée. »

Force personnelle de Joffre. Forces groupées de toutes les énergies de ces soldats auxquels on a dit « aucune défaillance ne peut plus être tolérée. »

Voilà les deux nobles facteurs du miracle, du bienheureux hasard, du triomphe de la liberté sur le despotisme : *prévision et volonté*.

Puissances défensives contre l'imprévoyance de von Kluck à la merci duquel était Paris...

Le général allemand négligea de prévoir ce que pouvait bien signifier ces quelques mots de Galliéni, vieux chef clairvoyant et expérimenté, capable d'efforts admirables.

« J'ai reçu le mandat de défendre Paris contre
« l'envahisseur.

« Ce mandat, je le remplirai jusqu'au bout. »

Le feu couvait sous la cendre, le chef teuton ne sut pas s'en méfier. Faute grave, faiblesse frappante, manque de double vue et de sage méfiance.

Qu'on ne dise plus ensuite que la victoire de la Marne fut un miracle. Elle fut une victoire des forces personnelles contre l'imprévu, contre ce que nous disons : « le hasard. »

La bête prise par les cornes et domptée avec toute la vigueur physique et morale que peuvent posséder des êtres devant l'éminent péril.

L'expérience physique et morale de la souffrance et du danger crée la force personnelle.

Pour avoir la révélation intime de sa propre valeur, l'homme a besoin du malheur, de la souffrance, de l'épouvante.

Il faut que tout son être se soit hérissé de douleur et d'effroi, il faut que tout ce qui est sensible en lui ait côtoyé les ravins de l'agonie morale ou physique, pour qu'il sache ce qu'il est et ce qu'il vaut.

Quand l'homme chemine simplement sa petite vie, au jour le jour, sans désordre, il n'est rien, il ignore tout. C'est l'être ordinairement humain, la chose venue de l'Univers, l'accident, au sein du grand chaos, dû à un caprice des pouvoirs créateurs.

Mais que soudain fonde sur lui la catastrophe, et il sort de cette torpeur tiède où ses facultés étaient ensommeillées. Tel le coursier obéissant et doux sent soudain bouillonner en lui un sang généreux, dû à une race guerrière, dès que tonne le canon et que s'exhale l'âcre relent de la poudre, l'homme sous le brutal coup d'aile du malheur devient vraiment homme et cherche en lui l'appui de sa force et la preuve de son énergie.

Son instinct de défense agite triomphalement le désordre de ses pensées pour en obtenir une victoire. Ceci, c'est le premier phénomène de révélation, c'est l'effort instinctif, c'est le reflexe de défense.

L'individu lui-même en a une conscience fort obscure. Ce ressaut de son esprit et de son corps face au danger est un vrai mouvement involontaire, une énergie latente et attractive.

C'est à lui alors d'en continuer le développement et d'en assurer le triomphe.

Avec chaque individu, l'épanouissement de cette merveilleuse fleur d'énergie varie.

A la reviviscence spontanée succède le rappel de la réalité, la perception de la nudité et de la faiblesse humaine face à l'inconnu, et c'est le désarroi de la volonté, la poussée irrésistible dans la grande vague de la crainte, la sensation poignante d'être roulé, emporté au gré d'une souveraine puissance.

C'est le moment critique.

C'est l'instant sublime de la vraie révélation intime.

Fermer les yeux, éteindre en soi le mystérieux

flambeau qui s'allumait et se laisser aller, chose inerte au gré du hasard. Ou bien... voir plus clair, voir plus net, voir plus haut ; sortir du bouleversement, prendre ardemment conscience et se récupérer.

Ainsi le lutteur avant l'assaut fait jouer ses muscles et s'assure de leur souplesse, ainsi le boxeur essaie ses poings puissants et ses esquives adroites, ainsi le duelliste éprouve la flexibilité de l'acier de sa fine épée.

Athlète superbe, l'homme s'apprête à soutenir l'assaut de l'inconnu.

Ce phénomène contient en lui le symbole de la valeur humaine. C'est à lui qui se mesure l'être.

Chaque individu qui triomphe en sa force est une révélation particulière de la nature.

L'instinctif a une volonté faite d'animalité, toute son énergie conservatrice est une brutalité. La lutte entre lui et le hasard sera sans merci mais il triomphera sans effort. Il est né pour lutter.

L'idéaliste a une volonté édifiée sur des victoires successives. C'est le plus bel exemple du triomphe humain sur l'inconnu.

L'équilibré jouit d'une vitalité physique et morale s'assimilant toutes les vertus. La nature a inculqué à celui-là tous les sentiments nécessaires à la fonction que les circonstances de sa vie lui demanderont de remplir.

Quel que soit l'être, pris en lui-même, il vit d'une façon personnelle l'instant où la force fatale viendra heurter sa force intime et, selon que de ce heurt il sortira triomphant ou brisé, ce sera un fort ou un faible.

Or, tout être peut et doit être un fort, car de lui seul dépend sa victoire.

Chaque assaut des forces fatales contre l'homme apporte avec lui une arme de défense nouvelle. L'ensemble de ces assauts crée ce que l'on appelle l'expérience ; de cette expérience naît l'habitude de la lutte ; c'est avec la lutte comme sculpteur que se modèle magnifiquement la force.

Il faut croire en sa force intime et posséder la parfaite conscience du moi.

Il faut vouloir être fort. Il faut non seulement désirer sa force mais y croire, en avoir la conscience aussi nette que de sa vie même. Etre fort, c'est être noble, droit, c'est se posséder intimement, c'est sentir le véritable prix de l'existence et son but qui n'est jamais que de se perfectionner et de s'améliorer.

Pour être fort, il faut *croire en soi.*

Pour croire en soi il faut se connaître et posséder aussi le sens de la vie, savoir ce qui aide et ce qui nuit. Il ne faut rien craindre.

Une force est un mouvement.

L'être doit sans cesse se mouvoir, que ce soit par l'esprit ou par le corps. Le hasard, étant la vie même et cette vie étant la réunion de tout ce qui est énergie en évolution, l'homme ne doit jamais abandonner la lutte et demeurer sans cesse sur la brèche, face à l'ennemi.

Seul cet éveil constant permet de tenir le danger en échec et de se munir contre ses coups.

Se défendre est un acte naturel. L'humble cellule de plasma végétal se défend contre les ardeurs du soleil en récupérant ses forces actives et en laissant suinter de ses fibres molléculaires l'humidité qui la sauve de la mort.

Seule la force permet la vie ; depuis l'embryon jusqu'à l'homme tout est énergie.

L'homme est une force, la plus sublime, la plus complète, il faut qu'il le sache et en soit digne.

La confiance en soi éloigne de l'homme la faiblesse, l'hésitation, la peur. Elle lui fait oublier sa disgrâce physique, son manque de fortune, son obscurité, elle crée une suggestion telle que l'homme transformé est prêt aux plus étonnants triomphes, aux ascensions les plus miraculeuses.

Napoléon Bonaparte, ce prototype de la confiance intime et de la force personnelle, était, physiquement, bâti comme un faible, mais il y avait en lui un homme extraordinaire et privilégié, un de ces êtres qui apparaissent seulement de siècle en siècle comme une manifestation étonnante de la toute puissance de l'âme humaine.

« C'était, nous dit l'histoire, l'aîné d'une « famille besogneuse. Il était pauvre et obs- « cur. »

« Petit, mince, nerveux, sans vraie vigueur apparente et sans beauté, nous dit un de ses intimes...

Face à lui-même, qu'aurait-il prétendu, étant dépourvu de confiance intime et de force personnelle ? S'il s'était tristement contemplé en songeant : « Que suis-je ? » il serait demeuré l'officier pauvre, travailleur, intelligent, mais obscur, ignoré toujours.

Il disait au contraire, en relevant d'un air de défi son pâle visage où flambaient ses yeux de dompteur : « Je veux ! »... « Je puis ! »

« C'est un aventurier, un ambitieux » disait-on de lui au grand Carnot.

« C'est surtout un homme » répondait l'organisateur des victoires de la République, subjugué par cette volonté de fer.

Ce petit homme pâle sentait en lui des forces telles qu'il lui apparaissait que tout dût aller selon ses plans.

Consignant ses mémoires sur la victoire de Marengo, son fidèle ami, le général de M..., dit de lui :

« Bonaparte, suivant des Tuileries les mou-
« vements de Mélas (1), voyait se réaliser l'évé-
« nement qu'il avait prévu.

« Un jour, avant de partir, couché sur des
« cartes, il y posait des signes de différentes cou-
« leurs pour figurer la position des corps fran-
« çais et autrichiens, et disait devant son secré-
« taire étonné :

« — Ce pauvre M. Mélas passera par Turin, se
« repliera vers Alexandrie... Je passerai le Pô,
« je le joindrai sur la route de Plaisance, dans les
« plaines de la Scrivia, et je le battrai là... »

Et encore :

« Le général du génie Maresco avait été
« chargé de faire la reconnaissance des Alpes. Il
« se prononçait pour le Grand Saint-Bernard,
« mais il considérait l'opération comme très

---

(1) Général autrichien battu à Marengo.

« difficile. « Difficile, soit, répondit le premier
« Consul ; mais est-elle possible ?

— Je le crois, à condition d'efforts extraordinaires.

— Eh bien, partons ! »

Et ce fut ce titanesque passage du Saint-Bernard :

La musique jouait aux moments difficiles, ou bien on battait « la charge ».

Seul, un Napoléon, vrai démon du vouloir et de la réalisation avait pu imaginer une telle épreuve.

Aussi, dès qu'il paraissait, il était la vivante incarnation du puissant défi jeté à tout. « Il épouvantait l'ennemi de son audace ; il l'avait vaincu avant même de l'avoir rencontré. »

Évidemment, Napoléon est une exception, un miracle parmi les hommes et les âges, mais chacun, au fond de lui-même, peut réunir les forces que celui-là avait faites effrayantes et surhumaines.

Se vouloir fort, le croire, c'est déjà l'être. C'est mettre en soi toutes les énergies possibles pour réaliser une triomphale lutte avec l'inconnu. C'est passer intimement un pacte tel que rien ne peut le trahir.

Parfois, l'individu ne possède pas, naturellement, la fonction inspiratrice de sa valeur propre, il est besoin qu'un incident fortuit, une image, un conseil la lui révèle. Il a besoin d'être influencé en ses forces nerveuses par une force supérieure.

Ce Napoléon qui incarne toute la virilité et toute l'expression du pouvoir personnel, possédait au plus haut degré l'influence transmissible et il avait des moyens irrésistibles et simples pour infuser dans le cerveau, dans le cœur, dans la chair de ses compagnons d'armes, de ses soldats, l'héroïsme et le sentiment du devoir. Les mains au dos, l'œil à terre, le front rêveur, il passait parmi eux, puis soudain, sans préambule, sans apprêt, sans pose, il s'adressait à eux, il fixait sur leurs prunelles le rayonnement irrésistible de ses prunelles d'aigle et il parlait en mots courts, brefs.

« Mes amis, dit-il, le jour de Marengo, c'est assez reculer ; vous savez que j'ai l'habitude de coucher sur le champ de bataille. »

« Soldats, dit-il, à ceux d'Eylau et de Friedland, je sais que vous êtes tous des braves. »

Il savait fouiller au fond de ces natures humaines pour en faire jaillir la flamme magnifique de la valeur intime. Ceux auxquels il avait dit : « Vous êtes braves » se sentaient l'être ou le devenir ; et le plus faible, le plus craintif, s'animait soudain de vigueur et de hardiesse parce qu'il devait mériter pour lui-même ce titre tombé avec une haute et profonde confiance des lèvres du maître, du chef.

Et je ne puis songer à cette force personnelle révélée par influence, sans me souvenir de cet immortel et vibrant chant du soldat de Déroulède : « Le Conscrit ».

C'est un tout jeune soldat, un enfant blond, tout frais arrivé de ses champs et de la ferme paternelle, tout chaud encore des baisers humides de la maman désolée. Aujourd'hui, c'est le premier combat, le baptême du feu, la rencontre avec la peur et peut-être la mort.

Et le petit soldat est pâle et ses yeux clairs sont embués d'effroi. Pourtant il se tient raide et droit au sein des rangs pressés.

La fougue de la bataille un moment lui fait oublier sa peur affreuse et il va, parmi les autres, souple, agile, ainsi qu'un jeune animal. Soudain, le voici seul, séparé des camarades, face à face avec le danger. La griserie tombe, l'instinct de la conservation s'éveille, il a peur. Il n'est plus qu'un pauvre enfant qui ne veut pas mourir. Derrière les arbres, il rampe et se cache. Un sergent qui depuis un moment l'observe au hasard des accalmies, surgit auprès de lui.

« Eh bien, conscrit, ça va ? Belle besogne, hein ! Rude et belle journée !

La honte empourpre le jeune visage.

— Mais oui, sergent, ça va !

Il a dit cela d'une voix ranimée, celle d'un réveil soudain.

— Es-tu bien conscrit ? A te voir te battre tout à l'heure, j'aurais juré un vieux qui la connaît !

C'en est assez, la valeur est née. Le conscrit est un soldat.

Et quand le sergent dit encore :

« — Allons, viens, petit... »

Ce sont deux héros qui côte à côte bondissent et s'élancent aux accents de la charge qui sonne fiévreuse et les entraîne dans une poussière de gloire.

La force contre la crainte. La confiance en son étoile, le petit conscrit en a eu la révélation par l'influence du sergent amical qui a su réveiller en son âme la valeur et l'ardeur d'être brave.

Un de nos plus célèbres généraux au moment de la marche des Allemands sur Paris, à la veille du commencement de cette admirable bataille qui jeta loin de nos murs la horde menaçante, s'était rendu en personne, à cheval, non seulement aux États-Major, mais s'était avancé auprès des divisions se rendant compte de l'état véritable des troupes.

Un matin, quelques heures avant l'attaque,

il rencontra un officier supérieur qui pâle, hâve, le désespoir sur la face, rêvait mélancoliquement penché sur son cheval.

— Hé !

L'officier s'arrêta, rectifia la position.

— Mon général !

— Qu'avez-vous ? Vous semblez souffrant.

L'autre montra d'un geste large le cantonnement devant lui.

— J'ai... ? Ah ! c'est terrible, mon général ! J'ai que mes hommes sont fourbus, que le ravitaillement n'arrive pas, que nous attaquons tout à l'heure et que je sens...

— Assez ! trancha brièvement le général. Voulez-vous que j'aie entendu, oui ou non ? Et il fixa sur l'officier son regard dur. Si j'ai entendu vous savez ce qui vous attend. Si je n'ai pas entendu, il me faut la victoire.

L'autre pâle, se souleva sur sa selle, salua.

— Vous n'avez pas entendu, mon général.

Et ce fut la victoire de la Marne.

Où cet homme qui se sentait vaincu avant que de commencer la bataille puisa-t-il l'énergie soudaine de croire ? Comment lui fut révélée sa force ? Par influence. Devant celui qui croyait, qui voulait croire, il avait cru. Et à sa suite, devant son visage redevenu calme, devant ses yeux ranimés, devant son geste énergique, tout ce qui dépendait de ses ordres et de lui-même, tout et tous avaient subi la suggestion bienheureuse.

Ce n'est point encore là la vraie force personnelle, car elle n'est point spontanée, mais réfléchie, causée. C'est cependant une ébauche de victoire sur soi-même, parce que peu à peu l'expérience de la confiance entre dans l'individu et s'empare de lui. A force d'être suggestionné, il devient un terrain propice tout préparé à se vaincre.

Voltaire a dit :

« C'est une âme lâche que celle qui, dès que « les nuages se rassemblent et ne se montrent « même qu'à l'horizon «veut renoncer et se plaint».

Nous avons, en ces premières pages parlé de guerre. C'est presque impossible d'en distraire son esprit, l'idée, malgré soi, revient à ce drame immense et terrible, car c'est surtout au sein de cette grande épreuve que tous les humains ont besoin de récupérer leurs forces intimes afin d'apprendre à souffrir.

Je ne veux encore en parler que pour preuve que la douleur crée la force et que cette force s'appuie sur la croyance en soi.

Souvenons nous de cette rafale tombée sur nos tranquilles rêves et songeons aux femmes de France qui furent admirables de courageux silence, qui surent sourire et dire les mots qu'il fallait tandis qu'on leur arrachait brusquement le cœur.

La famille était unie, elle soupait doucement sous la lampe, tout à coup c'est la feuille de route qui appelle au loin le père, le mari, le frère.

Le premier choc est bien tel que ces premières pages l'exposent ; un heurt qui assomme, puis un sursaut, un réveil, une révolte, et aussitôt aussi le sentiment du devoir.

La femme s'est dressée, un peu pâle, mais tout de suite, elle a su que ses yeux devaient rester secs et que sa bouche devait sourire. En ses forces naturelles, éveillées par un miracle intérieur qu'elle-même ne s'explique point, elle puise l'oubli d'elle, le calme de sa peine afin de soutenir l'énergie de celui que la patrie appelle, afin de ne pas effaroucher en lui ce beau souffle, cet élan si grandiose qui lui fait oublier péril et séperation.

C'est ce phénomène d'équilibre, ce bel effort, qui a fait l'admirable départ de nos troupes et c'est aux femmes de France qu'il est dû. Aux femmes qui ont récupéré leurs forces intimes pour étouffer leurs craintes, sécher leurs larmes, cacher leur désespoir.

C'était là le grand effort, le plus facile peut-être, parce que le mal fut violent et brusque. Mais où la force fut nécessaire, ce fut ensuite contre le mal et, le tourment de chaque jour, lorsque sachant l'homme là-bas, face à la mort la femme impuissante voyait couler des heures d'inconnu et de terreur. Que d'énergie intime il lui fallut pour reprendre machinalement la vie et tous ses actes désormais sans intérêt avec derrière, chaque minute, l'incessant et cruel souci d'une chère existence vouée aux pires hasards.

Pourtant, elle prit geste à geste, pensée à pensée, l'habitude de se dompter. En elle naquit une mystérieuse croyance, un silencieux secours.

La femme qui se torturait d'angoisse arriva à se dire : « Non, je ne veux pas avoir peur. »

Et si la peur était plus forte, si les pensées en tourbillons venaient assaillir sa pauvre cervelle fatiguée, elle disait : « Non, je ne veux pas penser. »

Peu à peu, son être endolori se fit à cette gymnastique surhumaine et la vie revint en lui active, intelligente, calmée.

De cet équilibre nouveau et vraiment imprévu, naquit la croyance, la sécurité. Non complète, certes, mais qui permit de supporter l'ardeur cruelle de l'incessante souffrance.

Les femmes de France « tiennent » parce qu'elles ont du cœur et de la volonté, une énergie victorieuse, une confiance en leur chance. De l'expérience du malheur, elles ont récolté la patience.

Les premiers jours, vous disent-elles, j'ai pensé mourir ou devenir folle ; ce vide, ce départ pour là-bas, cet avenir noir d'orage et de cruel mystère, ces nouvelles rares et qui arrivaient si longtemps après qu'elles étaient écrites. Jamais je n'aurais cru pouvoir supporter cette torture et vivre des mois cette vie-là. Est-ce l'habitude ? Je me suis reprise à redevenir moi-même, à songer comme autrefois, à espérer, à sourire, à chanter parfois. Il m'est venu peu à peu une confiance inexplicable, une conviction toute nouvelle.

Cela, c'est de la force, femmes de soldat ! Face au hasard, vos énergies se sont décuplées et vous osez à la longue triompher de la panique. Votre raison s'est dressée contre votre torture et vous a prêché l'adoucissement des angoisses, l'espoir et la résignation, la sainte patience qui met sur toutes choses sa douceur.

Vous n'êtes point fatalistes, oh non ! vous ne dites point : « A quoi bon, il n'arrivera que ce que veut le destin ». Vous dites : « Je suis forte. » Je dois être forte, digne de celui qui se bat. Mon courage et ma confiance lui porteront bonheur. Ma pensée vaillante le soutiendra. »

J'ai entendu des épouses dire : « Rien ne peut arriver d'irrévocable à celui que j'aime, j'ai foi en sa force, et il me semble que cette foi le garde et éloigne de lui le danger. »

Sans s'en douter, cette jeune femme énonçait une vérité. Croire en sa force est plus qu'un secours moral, plus qu'un calmant à l'angoisse, c'est une arme contre l'inconnu. Qui croit au lendemain, prépare ce lendemain, et le préparer c'est déjà éloigner de lui la fatalité.

Conscience du moi.

Il faut croire en sa force intime et posséder la parfaite conscience du moi.

Je suis, je pense, j'ai la notion des choses extérieures, je juge... Mes états de conscience m'appartiennent, j'ai mes plaisirs, mes douleurs, mes sentiments. Donc, dans l'Univers, je représente un être parfait qui a la perception nette de son existence, de son individualité.

De quoi est faite cette individualité ?

De tous mes souvenirs passés, de toutes mes impressions, de toutes les sensations et idées qui ont laissé en mon être leur trace. Je n'ai pas les mêmes souvenirs, les mêmes impressions, les mêmes sensations, les mêmes idées que tout le monde, il y a en mon individu une particularité.

Je suis *moi* et j'en ai conscience.

Ceci est une force première. Je suis quelqu'un.

Étant quelqu'un, j'ai des droits et des devoirs.

Mes droits me viennent de ma vie même. Mes devoirs me viennent de mon intelligence et de mes facultés de discernement. Étant fort puisque lucide, je dois à l'Univers une reconnaissance qui se manifestera par des désirs d'utilité, de perfectionnement et de bien.

Ceci est la force seconde. Je puis agir, je dois agir.

Puisque je suis et que j'agis, j'exerce sur l'extérieur une impression.

L'extérieur exerce sur moi une impression puisque c'est d'elle que vient mon discernement, or, entre l'extérieur et moi il y une liaison, entre son impression et celle qui m'est propre il y a lutte. Ai-je la force vraie qui me met de niveau avec cet extérieur ?

Ce raisonnement philosophique est le nœud même de la perception intime des forces personnelles.

Afin d'être plus clairs, prenons des exemples simples :

Voici une barre de fer. Extérieur.

Je la touche, elle est froide et dure. Perception intime, impression personnelle faites sur moi par cet extérieur.

Je saisis cette barre et je la tords. J'ai agi après avoir perçu, j'exerce sur l'extérieur une impression.

Entre l'impression reçue et celle donnée, il y a eu lutte de forces. J'ai la force vraie puisque j'ai tordu la barre de fer. Je me suis mis de niveau avec l'extérieur.

J'ai la conscience du moi et la conscience nette de ma force personnelle, physique.

Je me promène au bord de l'eau. La rivière est profonde, le courant fort : constatation, on peut tomber et s'y noyer : impression et crainte. Ici l'extérieur exerce sur mon moi une influence de puissance.

Je ne sais pas nager. Perception intime de faiblesse.

L'extérieur est plus fort que mon moi.

J'ai la conscience nette de la force de l'extérieur et de mon manque de moyens pour lutter contre lui.

Ici, cependant, intervient un facteur inconnu, celui de l'imprévu et de la volonté.

Je ne sais pas nager, le courant est traître.

Je tombe à l'eau. Or, en mon moi obscur et

inconnu se lève une force instinctive, une volonté de vaincre, une énergie désespérée, je nage, je fais les mouvements nécessaires à mon salut et je me sauve.

La prochaine fois que cela m'arrivera, si le hasard veut que cela arrive encore, je saurai quels efforts il faut tenter pour se tirer de l'accident, j'aurai la force nouvelle d'expérience.

Suis-je vraiment fort ? Je n'en suis pas tout à fait convaincu, je ne dois pas me reposer sur une idée de chance, je dois me perfectionner. J'apprendrai à nager. Je vais me nantir d'une nouvelle force : la prévision, que nous pouvons appeler plus clairement : la prudence.

Quand je saurai nager, je posséderai contre l'extérieur deux forces personnelles : expérience et prudence. Je ne craindrai plus l'eau, ni le courant traître de la rivière. Je crois en ma force intime ; elle m'a été révélée par l'étude, puis la connaissance, la conscience parfaite de ma valeur d'efforts physiques et moraux.

Croire en sa force ne sera pas téméraire parce que cette croyance ne sera venue que des épreuves. Seuls ceux qui auront eu l'exemple de leur force devront y croire.

Rechercher l'épreuve, être brave devant elle, la heurter de front avec le désir de la vaincre, voilà le parfait moyen d'apprécier la résistance.

De ce degré de résistance découlera nécessairement ou non le besoin de perfectionnement pour assurer sur l'imprévu le triomphe intime.

Au lieu d'exemples où se jouent les forces physiques, prenons des exemples d'impression morale.

L'homme fait un libre usage de sa volonté, ce ne sont pas les lois seules qui le tiennent dans la limite du bien et du juste, il décide à sa guise puisqu'il peut à son gré mal agir et mépriser les préceptes de droit et d'honneur. Il peut être déraisonnable et se laisser entraîner par les forces animales qui sont en lui et les laisser triompher de ses forces nobles.

L'homme vrai, mis sur terre, choisit raisonnablement ses décisions et dirige ses actions vers l'idéal et le perfectionnement.

Il a conscience de ses faiblesses et de ses forces, il sait quelle lutte existe entre ses bons et ses mauvais instincts. Il a le sentiment de sa propre responsabilité, son individualité consiste à percevoir fidèlement son mal intérieur, les dangers extérieurs et sa somme d'énergies nobles posées face à face et susceptibles de soutenir le bon ou le mauvais combat.

Il devra être franc avec lui-même et savoir sa véritable valeur face aux tentations mauvaises afin de les éviter, de les fuir, de les terrasser.

Ici encore, la force d'expérience et celle de prévision jouent leur rôle.

Nul ne doit trahir son pays. Pourtant il y a des êtres malfaisants qui pour un peu d'or livrent à l'ennemi les secrets sacrés qui devaient être causes des victoires et qui sèment par leur crime la mort et le désespoir dans les rangs de ceux qui étaient au devoir.

Ceux-là sont hors de l'humanité. Leur crime est tel qu'aucun raisonnement intime ne le peut racheter. Cependant, parmi ceux qui restent droits, peut-être y a-t-il eu des tentés.

Ce vieux paysan qui n'a pas de fils à la guerre et qui est si avare, qui aime l'or, le conserve jalousement, le caresse comme un être animé, lui parle, le cache, peut-être a-t-il au fond de sa cervelle obtuse un beau souvenir de victoire personnelle ?

Les beaux mouvements de l'âme n'appartiennent pas qu'à ceux dont l'esprit est cultivé et les sens affinés. Le sentiment du vrai et du beau est naturel, les facultés intimes peuvent fonctionner sans culture, car l'homme, si sauvage soit-il, demeure le roi de l'Univers, doué de pensée et de jugement.

Or, ce vieil avare au cœur sec a vu passer nos fiers régiments, aux premiers jours, joyeux et pleins de magnifique élan ; il a entendu leurs confidences ; il savait beaucoup de choses.

Un soir les patrouilles ennemies ont envahi le village, des officiers au rauque parler, au dur accent, ont offert au vieil avare de l'or, beaucoup d'or pour une besogne de traître.

Et le vieux en regagnant son taudis se frottait les mains, joyeux d'une joie impure.

Comme il songeait, ivre de rêves dorés et hanté du son des pièces d'or ennemies, on frappa à la cabane et le vieux ouvrit pensant que peut-être on lui apportait déjà ce qui était promis et que son rôle allait être joué tout de suite. Le canon avait beau tonner, là-bas, qu'importait... il aurait demain, tout à l'heure sans doute, de quoi noyer ses mains, de quoi éblouir ses yeux...

Il ouvrit donc et celui qui entra fut un français, un petit soldat blessé et have, qui s'était traîné jusque-là pour ne pas être fait prisonnier et pour mourir à l'abri des regards allemands, entre des bras français. Et le soldat blessé hoquetait de douleur. Au fond de son vieux cœur de pierre, l'avare sentit remuer quelque chose et en tremblant il céda son grabat et de son mieux s'essaya à panser l'horrible blessure. Le blessé succomba au petit jour et durant la nuit il avait parlé et le vieil avare savait beaucoup plus encore, mais en disant les secrets sacrés, le mourant avait aussi rêvé tout haut son beau rêve de héros et le vieux cœur écoutait se lever en lui des émotions nouvelles ou des réveils très beaux.

Ayant enseveli le soldat, il coiffa le képi, endossa la vareuse, prit le fusil et les cartouches puis au fond du jardin ayant creusé une tombe, il pria. Après qu'il l'eut comblée, rentré chez lui il se livra à une besogne étrange et attendit.

Les ennemis en patrouille assaillaient le village et les officiers vinrent vers la maison de l'avare afin d'obtenir son aide, ces secrets qui feraient leur triomphe.

C'étaient trois beaux officiers de l'empereur, pleins de morgue hautaine. Derrière ses volets, le vieux était au guet, le képi sur l'oreille et le fusil en joue, et quand il eut accompli froidement le triple sacrifice et que les trois officiers furent côte à côte couchés dans le silence, il quitta sa maison, gagna ces lignes françaises dont il savait si bien les positions et leur conta ce qu'il savait de l'ennemi, ce que le vieil avare avait fait et ce que sans la visite du blessé il eut fait.

— Fusillez-moi maintenant, car j'étais un traître !

— Non, vieux père, vous êtes un brave homme.

Et le vieux en fut tellement convaincu qu'il ne voulut plus quitter le régiment, se battit, fut blessé, décoré et mourut pour la France, heureux, ayant racheté sa vie entière et attaché à son nom une étoile d'honneur, une palme de droiture.

Analysons, si vous voulez bien, en cette âme obscure, le travail qui se fit et comment il fut victorieux du hasard.

Son moi, il l'ignorait, il croupissait dans son ignorance et son vice paysan. Au fond de lui veillaient les forces actives morales qui sont en tout être humain.

Le hasard vint sous la forme d'une tentation monstrueuse.

Face à cette puissance, il y avait sa faiblesse d'homme aimant l'or.

Lutte inégale dont il était d'avance le vaincu, absolument inerte et passif.

Au milieu de ce désordre se présente une force meilleure : le soldat blessé. Appuyées de ce sentiment qui naît, les forces actives du vieillard s'éveillent, il prend conscience, il souffre et lutte.

Franc avec lui-même il se voit faible devant la tentation mauvaise. Récupérant sa volonté il se dresse contre le hasard, il tue les officiers.

Puis craintif par expérience, il fuit son or, il

se livre aux Français et leur demande l'expiation. Il a la conscience nette de son moi fautif, rénové à l'instant mais capable de nouvelle chute, il se craint.

— Brave homme... lui dit-on.

— Oui, répond-il intérieurement, mais gardez-moi ou je me perds à nouveau.

Il reste et il devient le brave homme qui fit son devoir jusqu'à la mort, celui que le hasard n'effrayait plus parce qu'il l'avait vaincu en face en une révélation parfaite de son moi bon et de son moi malfaisant, en une perception franche de ses forces bonnes et mauvaises et de la possible victoire des unes sur les autres.

II. — HUMANITÉ ET UNIVERS

L'Univers et l'homme.

L'Univers est, pour l'humain, tout ce qui est perceptible à ses sens et à sa pensée.

Demandez à n'importe qui ce qu'il entend par Univers, il vous répondra : c'est le monde, la nature, la vie.

C'est tout ce que nous sentons, tout ce que nous savons, tout ce qui nous entoure. C'est aussi et surtout le mystère d'où nous sortons et les forces inconnues qui nous guident, qui font autour de nous la clarté ou la nuit, le chaud ou le froid, la beauté ou la laideur, celles qui mettent aux arbres des fleurs et qui font tourbillonner tristement les feuilles mortes sur les pelouses où l'herbe perd sa fraîcheur, qui font les journées radieuses où tout est soleil et bleu, parfums et gaîté, et les journées moroses où la pluie cingle les vitres et où l'âme se noie de tristesse et de noirceur.

L'Univers est tout ce qui est mouvement et tout ce qui s'arrête. C'est le grand infini dont nul ne connaît les bornes ni la vraie puissance. C'est ce qui est éternel et ce qui recueille les victimes de la mort, c'est aussi la mort même et ce qui est après elle.

C'est une force formidable faite de millions de forces, un ensemble étrange où tout a une fonction parfaite et où tout correspond mystérieusement.

Je heurte du pied un caillou, et je sais que cette petite chose d'apparence inerte fait, ainsi que moi, partie de l'Univers. Entre nous il y a un lien car, ainsi que moi, elle a eu un commencement et aura une fin, ainsi que moi elle subit les phénomènes extérieurs et sous son apparente insensibilité cache une vulnérabilité : l'eau qui goutte à goutte tombe sur elle épuise sa dureté et effrite sa forme. Le soleil qui la brûle lui donne une chaleur, fendille sa masse et la fait s'émietter. La mousse qui l'habite la couvre d'humidité et la creuse, y introduit à la longue tout un petit monde d'insectes qui s'incrustent en elle et l'animent de vies.

Ce caillou est à la terre ainsi que moi. Venu d'elle, il y retourne. Autrefois poussière, maintenant aggloméré, le moindre heurt qui aura raison de sa résistance en refera une poussière.

Si de ce caillou je passe aux herbes qui se ploient sous le frôlement de ma main, je songe que le lien entre elles et moi devient déjà plus perceptible, car la nature a donné aux herbes comme à moi un organisme intérieur vivant.

Si des herbes je passe aux animaux, je sens se resserrer le lien plus étroitement, car l'animal est doué de mouvement, de sensibilité comme moi, il possède une voix pour se plaindre ou exprimer son plaisir, il a des yeux qui voient l'Univers, il le sent et le devine.

Et quand j'ai songé à tout cela et que je cherche quelle est la manifestation supérieure de cet Univers, je constate que c'est moi, moi l'humain.

Pourquoi ?

Parce que je pense.

« L'homme est un roseau, le plus faible de la nature, mais c'est un roseau pensant. »

Le caillou n'a point de vie. Il existe. Du moins ceci est une apparence, car il fut déjà démontré parfois qu'un petit monde étrange et insoupçonné peut composer ce tout rigide qui est une pierre.

L'herbe vit, mais ne se meut point.

L'animal se meut mais semble ne pas penser.

Il a un cerveau comme l'homme, mais où l'intelligence est à l'état embryonnaire, où le jugement et le souvenir existent à l'état d'ébauche.

Etres inertes ou êtres animés ont ensemble ce lien d'appartenir à l'Univers, de venir de lui, d'y retourner et d'en supporter les atteintes, les caprices, les volontés, les forces.

De tous ces êtres, un seul en a la connaissance nette, c'est l'homme.

Si l'Univers est la puissance dominante, l'homme est son chef-d'œuvre, on a dit même qu'il en était le roi.

Il a une forme comme le caillou, il vit comme la plante, il se meut comme l'animal et il possède en plus de ces dons celui de discerner ce que l'Univers a fait de lui. La vie qui l'anime il peut à sa guise l'accepter en toute sa durée ou l'abréger. Il a, jusqu'à un certain point, la propriété de son être, liberté que ne savent point les autres créatures. Ce n'est pas une manifestation passive des pouvoirs créateurs, c'est une matière capable d'efforts et de défense.

L'Univers est une réunion de forces.

L'homme est dans l'Univers une force, une énergie agissante, un phénomène animé qui se peut opposer à des énergies ennemies ou contraires.

De cette constatation découle cette autre.

L'Univers et l'homme sont deux adversaires.

Ayant accompli son œuvre puissante, l'ayant animée, l'Univers a placé face à lui non une matière obéissante de laquelle il pourrait dire :

« Je n'aurais qu'à souffler et tout serait de l'ombre », mais une force vivante, poussée à vaincre grâce à son don inestimable d'intelligence ; debout devant tout ce qui l'a créé, l'homme pense :

« Je suis le conquérant ; je tiens l'épée ardente. »

« Cet Univers qui m'a donné la vie, m'a donné
« outre un corps de chair, une âme clairvoyante
« et je suis ainsi devenu son maître. »

Et à mesure qu'avancent les siècles, l'homme se fait plus fort, peu à peu il triomphe, peu à peu il renverse les obstacles et détruit les pièges et se forge des armes contre cette puissance dont il sort.

Le Progrès est son œuvre et pas à pas dévore ardemment toute l'obscurité, toute l'ignorance Tout obéit invinciblement à l'humain, animaux et matière, tout reconnaît en lui un être supérieur et cède devant ce demi-dieu.

L'Univers est immense, infini, effrayant, mais il a fait l'homme intelligent et si petit soit-il, l'humain combat l'Univers puisque l'homme pense, se souvient et agit selon sa pensée et selon son souvenir.

Et en songeant à l'Univers et à l'homme, il me souvient d'un conte :

Un magicien, qui était riche, s'ennuyait en son palais magnifique. Un jour que l'ennui plus que jamais torturait son âme, il fit appeler son valet.

— Vas à la ville, maraud, et rapporte-moi de la pâte d'amandes, vingt-huit fines perles blanches, deux beaux saphirs, deux rubis magnifiques, de la soie blonde et des mètres de velours et de fil d'or.

Quand le serviteur revint, les bras chargés de paquets, le magicien après avoir vérifié les achats, congédia le valet et en grand mystère s'enferma en son doctoral cabinet aux maléfices et aux miracles et là il commença une surprenante besogne.

Avec une truelle d'argent il battit la pâte parfumée, l'humecta de mystérieux liquides aux diverses couleurs, puis en confectionna un merveilleux petit homme qui eut pour lèvres des rubis, pour dents des perles, pour regard les étoiles précieuses des deux saphirs azurés, pour cheveux la soie blonde, pour vêtements le velours cousu de fil d'or.

Ainsi créé ce fut une délicieuse poupée d'une beauté et d'une valeur sans pareilles.

Et devant son œuvre, le magicien satisfait se frotta les mains. Mais au bout d'un instant sa joie fut moins vive et l'ennui revint.

Le petit homme en pâte d'amandes était beau, mais ce n'était qu'une poupée silencieuse et inerte. Il fallait avoir mieux.

Comme il était très puissant, le magicien dit trois mots et fit trois gestes. Le petit homme en pâte d'amandes remua les bras puis les jambes et descendit gravement de la table qui venait de le voir naître, il esquissa ensuite quelques drôles cabrioles, puis s'étira les bras et fatigué se nicha au creux d'un fauteuil et s'endormit.

Le magicien d'abord amusé fit encore la moue.

— Se mouvoir est bien, mais il est muet, dit-il.

Et secouant les bras du dormeur il refit sur sa tête trois petits gestes et prononça trois mots.

L'effet fut prompt. La poupée éternua, puis se mit à babiller follement d'une petite voix claire. Tant et si bien que l'homme aux miracles se boucha les oreilles, désespéré.

Comme il songeait, un esprit lui apparut.

— Tu as créé quelque chose, dit l'esprit, mais tu n'es pas l'être puissant. Ta poupée qui ressemblait à la pierre est maintenant un animal, qu'en veux-tu faire ?

— Un homme.

— La chose est grave, mais je puis t'aider.
Et l'esprit disparut.

La poupée animée cessa son babillage, ferma doucement sur ses dents de perles ses lèvres de rubis, croisa ses mains blanches derrière le dos, fit trois pas et s'arrêta devant son créateur.

Ses yeux de saphir levèrent leur regard sur les yeux sombres du magicien, et en silence le petit homme considéra le vieux. Et le vieux se sentit au cœur une joie chaude parce que le regard des deux saphirs était illuminé de pensée et d'intelligence.

« Je suis heureux, prononça-t-il, car me voici
« un ami et un compagnon, venu de moi il sera
« ma chose et je serai en ce monde servi mieux
« qu'un roi, admiré et aimé tel un dieu. Ce petit
« homme que j'ai fait m'appartient, je jouirai
« des dons qui sont en lui et j'aurai sur sa fai-
« blesse l'autorité de mes forces.

Ainsi croyait-il.

Mais l'esprit qui avait bien fait les choses, avait doué le petit homme d'intelligence humaine et bientôt la poupée fut un être raisonnable, sachant discerner le bien du mal, le juste de l'injuste, et qui bouleversa tous les maléfices du magicien et toutes ses forces méchantes.

Et le vieux magicien triste et effrayé implora à nouveau le secours de l'esprit.

— Que me veux-tu ?

— Secourez-moi, bon esprit et rendez poupée ce petit homme en pâte d'amandes que j'ai follement créé un jour d'ennui, il est trop fort et me domine, je ne suis plus auprès de lui que son égal.

— Le mal est irréparable, vieil homme, car la poupée a une cervelle humaine et possède à elle seule plus de force que toi et moi ensemble.

—...

— En le perfectionnant, nous l'avons armé contre nous, il sait trop de choses maintenant, à tous nos coups, il saurait opposer la redoutable résistance et rien ne dit qu'il ne nous vaincrait pas.

Ainsi l'Univers est en face de l'homme : adversaire ? soit. Maître ? Pas toujours.

Entre la puissance qui gouverne toutes choses, et nous, il y a un lien perceptible dont nous trouvons en notre personnalité des traces saisissables.

L'Univers est tout entier guidé par une force principale, un pouvoir moteur, régulateur.

Ayant fait de l'homme son chef-d'œuvre, ayant jeté en lui des dons supérieurs, il est aisé de comprendre que cette force motrice, régulatrice et dominante a lancé entre l'humain et elle un pont.

Un lien existe entre l'homme et la puissance qui gouverne toutes choses, lien qui a ses manifestations de nombreuses manières.

Nous pouvons d'ores et déjà en exprimer trois phases :

1º Manifestations naturelles et instinctives.
2º Manifestations inconscientes.
3ᵉ Manifestations extérieures.

1º Manifestations naturelles et instinctives.

Plus l'esprit de l'individu est supérieur, plus l'intellect est développé, la sensibilité affinée, le système nerveux parfait, plus l'homme a la perception de l'existence d'une liaison effective entre la puissance mystérieuse qui guide les forces universelles et lui.

En l'être, il y a des mouvements involontaires de l'intellect qui sont guidés par la force motrice universelle. Analysés en eux, ces sentiments sont une preuve frappante de la liaison de l'homme avec ce qui l'a créé.

Ces sentiments semblent être la base de l'humanité, on les retrouve au fond de tous les actes de la vie car ils en sont les symboles.

En tête, plaçons : l'*amour*.

L'amour, thème sur lequel les romanciers et les poètes ont brodé des contes et des chansons aux couleurs chatoyantes, aux accords charmeurs, est une passion instinctive guidée dans l'individu, non par l'individu, mais malgré lui. La volonté n'y est pour rien.

Quelque jolie, quelque éthérée qu'elle paraisse, la passion d'amour a ses racines profondes non dans l'homme, mais dans la nature, c'est une force étrangère qui commande l'être.

Pas plus que de la naissance et que de la mort, l'homme n'est responsable de l'amour.

C'est une souveraine force qui guide l'un vers l'autre deux êtres qui obéissent à l'instinct universel.

L'amour est par essence entraîné du premier mouvement vers la santé, la force, la beauté, la jeunesse, parce qu'en ces qualités se manifeste toute la richesse de la nature. Pour atteindre son but qui est la continuation de l'espèce, la nature abuse l'individu par des illusions et des chimères et ainsi ce dernier devient son esclave inconscient et obéit aux seuls désirs de cette force irrésistible et étrangère.

Cette force est douée d'intelligence, car elle convainct l'individu et le trompe jusqu'à lui faire supposer qu'il est seul juge et acteur responsable, alors qu'il obéit simplement à des desseins obscurs et ne travaille que sous l'empire d'un maître clairvoyant et implacable.

La nature guide l'individu pour le bien de l'espèce.

Ayant créé l'homme, l'Univers demande à l'homme de se perpétuer, il le soumet à son désir et en fait son serviteur. Croyant être son libre arbitre, l'homme dans le sentiment d'amour ne fait qu'obéir, sans qu'il s'en doute, à un ordre de la force motrice et au pouvoir régulateur du grand inconnu.

La Pitié est également en nous une force instinctive, une preuve du lien de l'individu avec l'Univers. C'est un fait qui semble étonnant et mystérieux, c'est en somme une clarté intérieure qui nous laisse analyser et juger notre situation intime dans l'Univers vis-à-vis des autres êtres également créés. La pitié est une comparaison involontaire, un commencement de fraternité, une ébauche d'aide et de secours.

L'Univers en créant cette force douce de la pitié veillait au bon équilibre et à l'harmonie entre ses créatures, quelles qu'elles soient. Voilà pourquoi la pitié s'étend de l'homme, créature supérieure, aux animaux, aux plantes et même aux inanimés.

La conscience et la volonté, qui sont les deux

principes actifs de la vie morale, ont leur origine dans la nature également. C'est par eux que l'individu s'extériorise et trouve sa force pour dominer les forces étrangères, qui mettent en lui le commandement de leurs désirs, afin de les harmoniser.

La conscience et la volonté donnent à l'homme le sentiment parfait de ce qu'il est et de ce qu'il doit faire.

On peut presque dire que c'est une parenté mystérieuse, une ligne de ressemblance et de comparaison entre l'individu et l'Univers.

La conscience et la volonté préservent l'espèce de sa déchéance et lui conservent sa royauté sa supériorité, au-dessus de la masse des créatures animées.

Ce sont les liens supérieurs avec la puissance harmonique, permettant la continuation parfaite d'une espèce qui peu à peu se perfectionne intimement et arrive à son apogée.

Les instincts, les aptitudes, les penchants qui créent entre un individu et la masse des différences, le font supérieur et compréhensif de certains côtés de la nature et de l'Univers, sont des formes de la manifestation du lien existant entre la puissance créatrice-motrice et l'homme.

Savants, artistes, philosophes, penseurs sont

d'essence spéciale et ressentent plus délicatement, plus intimement, plus clairement aussi cette manifestation. Ils en ont la parfaite conscience et peuvent seuls suivre en leur individualité la trace de son empreinte.

Le sentiment de la mort est de même nature et de semblable niveau. C'est une impression profonde laissée par la force supérieure.

Plus l'individu est intelligent, plus il est noble, plus il a conscience de sa fin.

Ici le lien se resserre. La pensée de la mort, c'est, semble-t-il, l'éternelle présence de cette puissance dominante qui peut tout sur l'humain.

Est-ce le nœud mystérieux qui garde à l'humain sa partielle faiblesse envers l'Univers ? Jusqu'ici, tout porte à le croire bien que, peut-être, cette grande hantise ne soit pas plus réelle que le hasard et se puisse, ainsi que lui, analyser et réduire à une simple obscurité que l'énergie humaine éblouira un jour de triomphante lumière.

Quoiqu'il en soit, ce sentiment porte présentement en lui l'empreinte sensible d'une force dominante.

2° *Manifestations inconscientes.*

Les plus frappantes formes de ces manifestations sont : les songes et les présages, la divination.

Ce sont des liens magnétiques. — Dans le passé ignorant on donnait à la science qui cultive ces phénomènes le nom de science occulte, du latin *occultus*: caché. On la nomme aussi plus obscurément encore : magie. C'est en réalité une science de lumière et d'avenir, d'elle naîtra la force magnétique contre le hasard, car elle exprime que certains individus peuvent deviner son mystère et prévoir ses coups, se munir contre le lendemain.

Certains cerveaux, certains organismes dominent les mystères et en peuvent être les adversaires. A eux, la puissance dominatrice semble abandonner son énergie et confier ses secrets.

Nul individu ne peut nier qu'à un moment ou à un autre, il n'ait perçu en lui, la visite mystérieuse d'un inconnu. Chacun a eu cette sensation passagère de divination, de prescience, d'avenir. C'était le fil rendu soudain perceptible qui nous relie, chétives créatures, avec le grand tout qui nous crée et nous achève.

Nous ne sommes pas indifférents à cette

force, elle nous aime, elle ne se cache point de nous, une pitié est en elle ; souvent elle s'extériorise pour nous apparaître, nous conseiller, nous prévenir avant d'agir, entraînée qu'elle est par le grand mouvement universel qui est fatal et immuable comme une roue éternelle que rien jamais n'arrêtera.

Cette force, parfois amie, vient à nous et dit: « Attention ! »

Aux humains de comprendre et de s'en sentir pénétrés.

Les songes sont les résultats d'un travail inconscient de l'esprit, de réflexes du corps qui provoquent dans l'organisme des afflux vitaux sanguins ou nerveux et c'est selon la force de ces afflux que le songe est agréable ou est un cauchemar.

La nature agit sur l'humain.

C'est une action très mystérieuse, une liaison très troublante avec l'inconnu. Dans l'inconscient, l'esprit semble se séparer du corps, suivre une force magnétique qui l'entraîne, et parcourir des ondes d'inconnu, où il plonge parmi l'avenir et cherche sa voie.

Des songes, l'individu rapporte quelquefois des trouvailles surprenantes, il semble qu'il ait franchi un pont hardi jeté entre l'humanité et les grandes forces universelles. Ne s'est-on point parfois souvenu, au réveil, d'avoir parcouru des contrées inconnues et d'avoir parlé des idiomes étrangers ? N'est-il point arrivé aussi qu'au cours d'un long voyage très lointain, on retrouve avec surprise des impressions de déjà vu devant des sites pourtant ignorés ?

C'est que l'esprit a déjà plongé dans une atmosphère semblable et a déjà vécu les émotions ressenties. Il a franchi des espaces de temps et est venu se poser là où dans quelques années l'amènera pour de bon, dans le réel, le corps qui le contient.

Notre fluide humain subissant l'attrait du fluide universel parvient parfois à se galvaniser, s'extériorise.

Il en est de même pour les présages. Mais alors que pour le songe l'humain est inconscient, pour le présage il a une obscure conscience de la force réelle qui le vient visiter, car il reçoit du fluide mystérieux, qui pénètre en lui, une sorte de choc nerveux.

Ainsi s'expliquent les impressions et les sympathies, les antipathies.

Il n'y a pas lieu de s'attarder outre mesure à ces manifestations, elles sont le résultat d'un état spécial à chaque individu car, il est avéré, que certaines personnes sont absolument rebelles à l'atteinte des énergies universelles.

Plus l'esprit est ouvert et accessible, plus il est appelé à subir l'étreinte de ces mystères innombrables. Il existe alors entre lui et les forces gouvernantes de tout une télépathie qui tend à prouver que sa substance est douée des qualités propres à assurer entre l'homme et l'Univers la communication caractéristique. C'est une sorte d'expérience que semble se donner la nature sur cet être supérieur créé avec toutes les matières les plus nobles que contient son empire.

Il n'y a là aucun miracle, il y a la preuve nette et claire que, par l'intelligence, l'homme, d'apparence chétive au milieu des autres êtres, est lié et appartient à la grande nature et qu'il peut selon son énergie personnelle en subir l'étreinte ou s'en faire le maître.

La divination a, avec ces deux phénomènes précités, un lien étroit, elle est aussi une sorte de correspondance croisée avec le hasard.

Le hasard n'est jamais un ennemi, l'homme seul le méconnaît et ne cherche pas à le comprendre. Le hasard prouve efficacement qu'il est ami de l'humain et ne le frappe jamais sans l'avoir prévenu.

Si après les événements chacun voulait chercher dans sa mémoire, relier les faits, il constaterait souvent que rien au fond n'était imprévu et qu'avec plus de clairvoyance il lui était possible d'être muni et de parer peut-être le choc qui s'est produit.

La divination est une sorte de voix intérieure qui prévient et conseille, une lumière imperceptible au travers des ténèbres du moi.

Elle existe chez les êtres nerveux et sensibles dont le cœur est très près des choses de la nature, chez les penseurs dont l'esprit vagabonde et gagne des atmosphères supérieures, se laisse voguer au gré des ondes magnétiques des forces universelles.

Elle existe un peu chez tous avant les événements décisifs de notre vie.

Certains pays, certaines habitations, certaines personnes nous sont sans sujet antipathiques, on se morigène, on fait fortune contre bon cœur et dans l'avenir on a parfois à se dire :

« C'est drôle, on aurait juré que je le sentais. »

Un de nos plus célèbres romanciers dans une de ses œuvres, donne une peinture étonnante du pressentiment, avertissement intime du danger proche.

Le livre se nomme: *La Faute.* Il y est question d'une jeune fille qui, sous des apparences charmantes, cache une âme de démon. Elle est recueillie par une tante fort riche qui désire l'aimer comme sa fille et en faire une femme heureuse. Or, ambitieuse et sans cœur, Théophane

— c'est le nom de notre héroïne — fuit un jour sa bienfaitrice après l'avoir dépouillée de ses bijoux, elle laisse derrière elle un scandale et une lettre sèche où elle prétend avoir le droit de vivre sa vie sans fardeau de reconnaissance.

Nous verrons ci-dessous comment la tante de Théophane, à diverses reprises, sent en elle se lever un avertissement inconscient et troublant contre la jeune fille, malgré tout l'extérieur flatteur de celle-ci.

« Quand Théophane entra, gracieuse et lé-
« gère, blonde comme le soleil et jolie comme le
« printemps, la vieille marquise eut, malgré
« tant de grâce et de jeunesse un petit recul
« glacé.

« — Pourquoi se demanda-t-elle aussitôt en
« elle-même, car elle était juste, d'esprit équilibré
« et large.

« Dès lors, elle tâcha à oublier cette impression
« involontaire et inexplicable.

. . . .

« Malgré elle, elle se tenait sur la défensive,
« ne s'abandonnait point, cherchait à voir plus
« loin que ce gazouillis d'oiseau et ces clairs
« éclats de rire.

. . . .

« Debout, devant le coffre-fort ouvert et
« devant la lettre griffonnée en hâte, la marquise

« les yeux secs, les mains crispées en un geste
« tragique, revoyait en son esprit le joli visage
« de Théophane, son corps souple et son aspect
« angélique, elle se souvenait de ses réticences
« face à la jeune fille, et elle murmura doucement:

« — La pauvre brebis avait senti l'odeur sau-
« vage de la louve. »

Pressentiments que voulut corriger un esprit trop large.

La force mystérieuse disait : « Veille ! »

On a le pressentiment du bien comme du mal. La force dominante aime l'humain, elle le protège par l'avertissement et le soutient par la confiance.

Maints de nos fiers soldats sont partis pour la guerre, sans souci du terrible danger et s'ils y songeaient à de certaines heures, c'était pour assurer à leur moi intime qu'ils étaient protégés et le sentaient.

Un tout jeune combattant conte très simplement combien cette idée était en lui malgré les plus désespérées minutes de combat et les situations les plus critiques.

« — Je savais que je m'en tirerais coûte que
« coûte et malgré tout. Jamais je n'ai eu peur.
« Je sentais que je ne serais ni tué, ni prisonnier.
« Pourquoi ? Je ne sais pas, mais j'aurais crié que
« c'était, tant j'en étais convaincu ».

Ce jeune homme s'est pourtant trouvé séparé de sa compagnie et prisonnier dans un poste d'écoute, tout seul, entouré d'ennemis. Il s'est défendu à coups de grenades jusqu'à complet épuisement des munitions, puis, frappé à la tête, évanoui, est resté deux jours et une nuit au fond du boyau toujours cerné par les Boches. Au petit matin, revenu de son long évanouissement il a senti sa blessure; la tête lui tournait, le sang l'aveuglait, les cadavres lui faisaient un horrible matelas.

« Dès que j'ai pu revenir à moi complètement,
« je me suis dit : « Ah ! je ne suis que blessé, ils
« ne m'ont pas. Puisque je sens et que je pense,
« je ne suis pas mort ».

Jusqu'au soir il demeure, faible, à demi inconscient. Il entend de l'autre côté du barrage de sacs de sable, les Allemands qui causent entre eux. Il fait le mort et se retient de gémir, il réprime les hoquets et la toux que lui causent des vomissements venus de sa faiblesse.

Le soir vient, il se fait un mur avec les cadavres, enjambe le barrage opposé, se trouve dans un boyau abandonné, rampe et gagne ainsi nos lignes. Il tombe évanoui là. Les brancardiers le relèvent, il est dans le coma, il y reste huit jours. A l'hopital où il reprend connaissance, son premier mot est, au grand étonnement du major:

« — Je savais bien que je n'y resterai pas. »

Cette divination forte au sein des plus désespérés périls n'est-elle pas extraordinairement frappante ?

Elle fut une force conductrice qui sauva certainement ce jeune soldat.

« Je ne puis pas mourir, ce n'est pas mon heure. » Et il luttait contre cette mort qui se penchait sur lui et semblait toute prête de triompher.

Une maman a trouvé aussi au fond de son cœur la certitude du triomphe pour son fils.

Toujours elle avait été calme et gaie bien qu'il fut au danger. Il se battit, elle demeura de longs jours sans nouvelles, puis des semaines. L'inquiétude vint, mais jamais totale, elle avait à certaines heures des éclairs de certitude que rien d'irréparable n'était arrivé. Pourtant, un jour, elle reçut un avis : son fils était porté comme disparu, mort sans doute, des camarades l'avaient vu tomber. Les tranchées perdues avaient empêché les secours immédiats aux blessés.

La maman, lorsqu'elle eut pris connaissance de l'avis se redressa farouche et dit :

« — Ce n'est pas vrai. »

Elle ne se mit point en deuil, elle ne voulut point pleurer :

« — Mon fils vit, j'en ai la certitude. »

On la dit folle. On réclama pour elle partout où il était humainement possible de faire une recherche. Rien.

Un an passa.

Un jour, un ami reçoit une lettre d'une écriture inconnue, il l'ouvre et lit :

« Prévenez doucement ma mère que je suis
« vivant, la joie pourrait la tuer. J'ai pu enfin
« regagner notre chère terre de France après
« une cachette de quatorze mois au fond d'un
« grenier flamand, je suis au régiment, à mon
« cher régiment depuis quelques jours, j'ai une
« permission et je vais revenir embrasser maman,
« mais après tant d'absence j'ai peur de son
« émotion et je vous demande de la préparer...

L'ami qui avait cru que la raison de la mère était ébranlée sentit à cette lecture un véritable effroi, il lui sembla qu'il touchait au surnaturel, cette maman si certaine de la vie de son fils lui fit peur, cette triomphante divination le frappa comme la vision d'un phénomène mystérieux.

Il s'acquitta pourtant de la tâche imposée.

C'était le matin de bonne heure qu'il vint vers la vieille dame.

— Je parie, lui dit-elle d'un ton léger, dès qu'elle l'aperçut, que vous avez des nouvelles de mon fils.

Son accent était si tranquille que l'ami supposa qu'elle savait déjà.

« Il vous a prévenue aussi ?
Elle se dressa toute pâle.
— Oh ! vraiment, il est vivant ?
— Voilà sa lettre.
Elle lut, se prit à pleurer.

« — Mon cher petit ! Je le savais. Je le sentais.
« Quelque chose de plus fort que moi, de plus
« fort que tout me disait d'espérer malgré, contre
« toutes les apparences. Je ne m'explique pas ce
« que c'est, on dirait une invisible présence. »

3º *Manifestations extérieures.*

Les manifestations traitées ci-dessus sont dans l'individu même, elles viennent de lui. La force dominante s'infuse en lui et a surtout effet sur le moral.

Les manifestations extérieures sont plus complexes, elles ont effet sur le physique aussi bien que sur le moral de l'être. Leur différence avec les précédentes consiste également en un autre caractère : elles sont visibles et l'humain se les explique, il les sent, en a conscience et peut en suivre et en analyser le passage en lui-même ; les forces extérieures ont leurs égales chez l'individu.

L'Univers est mû par une grande force que l'on nomme *électricité*, d'elle en découle une seconde que l'on nomme *magnétisme*.

Ces deux énergies naturelles représentent les visibles et perceptibles manifestations extérieures du lien entre l'Univers et l'homme.

Qu'est-ce que l'*électricité* ? Une énergie, une force, une réunion de fluides invisibles et impondérables existant dans toute la nature, existant combinés dans les corps. C'est un agent inconnu dont nous ignorons encore la source et qui ne se manifeste que par des phénomènes. On est réduit sur elle à des hypothèses sur l'explication des faits innombrables observés jusqu'à ce jour.

Pourtant, avec cette inconnue, l'homme a fait des merveilles. Ce fluide dont il ignore la source réelle il l'a domestiqué, en a fait un ami, un serviteur, un secours, un remède. L'inconnu s'est adouci, plié à la volonté de l'homme.

La foudre, cet effroi, est obéissante et suit le chemin que l'humain lui trace, elle descend docilement le long du paratonnerre et du fil métallique pour perdre son effet mortel au fond d'un puits.

Elle transmet la pensée et la parole par les fils du télégraphe et ceux du téléphone.

Miracle ? Point. Lien. Lien perceptible de la force générale à l'homme.

Lien qui semble promettre la soumission totale, un jour, dans l'avenir.

Certes, l'homme aura encore de mauvais réveils, de cruelles surprises, mais c'est sa faute, c'est qu'il n'est pas arrivé lui-même au degré de perfectionnement nécessaire pour dompter la force qui se promet à lui ; ses moyens sont encore trop bornés pour dominer.

Cette énergie répandue dans la nature, l'homme lui-même en est imprégné. Tu m'appartiens, semble dire l'Univers. Cependant, j'accepte que tu sois mon associé et que tu puisses, ainsi que moi, mettre à ton service les merveilles dont je suis composé.

Chaque savant qui a fait une découverte est semblable à ces esprits religieux qui ont la sensation de l'être suprême, la force conductrice semble être descendue en eux et, après, les avoir guidés dans les ténèbres, vers la clarté merveilleuse d'une aube. C'est comme une visite mystérieuse, un conseil invisible, un secret confié.

Cette force choisit alors ceux qui se rapprochaient le plus d'elle, c'est pourquoi les savants sont des créatures d'élite. Il y a en eux une sorte de fluide énergique qui perçoit visiblement la manifestation du lien existant entre eux et le grand Univers.

Qu'est-ce, maintenant, que le magnétisme ?

C'est un autre phénomène, expliqué également par hypothèses : une force attractive et répulsive. Quelque chose qui n'a pas de forme, pas de couleur, pas d'odeur, que l'on ne voit pas et qui cependant existe, qui crée du mouvement et de la résistance, des impressions visibles. C'est un fluide, cela peut s'écouler, s'étendre, s'écarter, se diviser, et c'est impondérable et mystérieux.

Cette puissance est, tout comme l'électricité, une base des forces universelles.

« La Terre est un grand aimant, une source « de fluide magnétique et c'est ce fluide qui re- « tient l'homme prisonnier à elle » dit un savant du XVIIe siècle : Guillaume Gilbert.

C'est, dit un autre, le magnétisme qui fait tourner la terre autour du soleil et la fait également pivoter sur son axe. C'est lui aussi qui entraîne la lune autour de notre planète.

Le mouvement universel est donc conduit par ce fluide attractif et invisible. C'est de lui que dépendent les saisons puisqu'il éloigne ou rapproche le soleil à sa guise.

Cette force colossale est, elle aussi, perçue de l'homme, connue de lui, analysée selon son pouvoir et domestiquée tout comme l'électricité. Elle s'est révélée à l'humain et s'est laissé dompter.

L'être ainsi que tout l'Univers est imprégné de fluide magnétique, et c'est peut-être ce phénomène qui contient la relation la plus curieuse, la preuve la plus certaine du lien de la puissance dominante avec l'être humain.

Le « fluide magnétique animal » est comme la présence perceptible de la force mystérieuse dans l'homme, elle confère à celui qui en est visité des pouvoirs si extraordinaires, des perceptions si surnaturelles qu'il semble tout simple de comprendre qu'un inconnu très-puissant est en possession de l'être et manifeste visiblement sa présence.

Ainsi entre l'homme et l'Univers il y a dans le magnétisme un lien perceptible, lien qui se transforme même en une incarnation des forces universelles et des pouvoirs dans l'être humain.

Toutes ces traces perçues en notre personnalité sont autant de preuves que l'homme n'est pas indifférent à la puissance créatrice et dominante du grand tout. Elle fait de lui un confident et un allié autant qu'un adversaire.

Cette certitude doit donner confiance à l'homme car elle est une preuve de sa force. Sachant quel rôle il remplit au sein de cet Univers mystérieux, l'homme ne peut pas se laisser vaincre par lui, il lui appartient de l'étudier, de le regarder, de le comprendre et d'avoir face à lui la perception nette de sa royauté et de sa puissance intime.

L'homme est une force parce qu'il n'y a dans l'Univers aucune force supérieure à la pensée.

Pourquoi est-ce que la puissance dominante semble rechercher l'homme plus qu'un autre être du monde pour s'en faire un confident, un allié, un adversaire ? Parce qu'il est l'être noble et supérieur par excellence.

D'où lui vient cette royauté sur les autres créatures ?

De la pensée.

La pensée est l'acte de l'intelligence. L'essence même de l'esprit. C'est elle qui différencie l'humain des animaux et lui donne les pouvoirs de se mesurer à l'Univers, de le combattre, de le dompter, de prévoir ses coups et de les guérir.

La pensée a domestiqué toutes les forces du monde, c'est pourquoi il est juste de dire : « Aucune puissance existante n'est supérieure à la pensée ». Et encore : « L'homme devant le grand Tout est une force, puisqu'il pense ».

La pensée et le travail de l'esprit dans le cerveau humain sont des mystères. Rien ne les explique, ils sont une des mille bizarreries, un des mille caprices de la nature mais grâce à eux, la nature se vainc elle-même. Cette mécanique parfaite qu'elle a créée dans l'homme, forge à l'homme des armes pour s'opposer et devenir maître. L'intelligence a des manifestations innombrables, d'une force insoupçonnée, et des profondeurs mystérieuses.

La pensée domine tout, elle ne connaît point d'adversaire puisqu'il n'est même pas prouvé que la mort l'abolit.

Le corps de l'homme n'est qu'une forme, mais ce qui a en lui une valeur incommensurable, c'est cet esprit dont on ignore — de même que pour les fluides inexpliqués de la nature —, l'origine et la composition. Fluide lui-même, l'esprit humain ne connaît ni bornes ni obstacles. Il se glisse partout, il est en tout, il peut tout, et peut-être est-il immortel.

Un philosophe disait : « Chaque étincelle de la conscience humaine vient du grand pouvoir créateur, elle est un atome pris au fluide générateur. Quand l'homme meurt, l'esprit quitte le corps et chaque atome retourne au fluide générateur. »

D'après cette théorie, l'Univers serait guidé par une force intelligente, cette force se disperserait en atomes dans chaque être humain, nous serions gouvernés : terre et ciel, par la masse des fluides humains désincarnés ou non encore incarnés.

Ce serait l'explication de notre force et de notre pouvoir, et la grande preuve du lien mystérieux entre l'être et la puissance dominante de l'Univers.

La pensée humaine peut déjouer tous les pièges que lui tend l'inconnu.

Grâce à elle, l'homme craint peu la nature ; que lui importe le froid, le chaud, la pluie ? La pensée est venue au secours de cet individu démuni, nu, jeté sur la terre pauvre et seul. Il a su faire du feu, se vêtir, se nourrir, s'abriter, construire, apprivoiser les autres créatures, s'en faire aimer et servir.

L'électricité, le magnétisme, dont nous parlions tout à l'heure, ont été dominés et domestiqués par la pensée.

La pensée qui va au fond de tout, analyse, dissèque, décompose, recompose tout, ne craint rien.

Elle est la triomphatrice morale, naturelle et physique sur ce qui est fluide et sur ce qui est forme. Elle n'a pas de limite, il n'existe pour elle ni distance ni durée, et on n'a jamais prouvé qu'elle ne soit point éternelle, c'est-à-dire qu'elle vint déjà d'une vie, lorsqu'elle entre en nous, et qu'elle ne retourne point à une autre vie en nous quittant.

En l'homme, il y a un être supérieur à celui qu'il croit connaître, un colosse invincible et immortel et c'est à cet inconnu invisible qu'il doit demander aide au moment où il croit se sentir faible et qu'il défaille devant le hasard.

Par moment il faut qu'il dise à cet inconnu : prends ma place et lutte, et il faut qu'il se donne tout à lui et se laisse vivre au gré de ses caprices et de sa fantaisie.

Ne vous est-il jamais arrivé au sortir d'un grand danger ou d'une grande peine d'être surpris intimement de ce que vous fûtes au cœur de la souffrance ?

— Je n'aurais jamais cru que j'étais capable d'une telle chose, dites-vous.

Vous vous êtes trouvé en présence d'un étranger et cet étranger c'est vous-même, insoupçonné et inconnu, c'est votre moi d'esprit qui est venu au secours de votre misérable corps.

La part de cet inconnu si fort est heureusement prépondérante, mais il est nécessaire pour la faire triompher que l'homme cultive sa pensée et son intelligence. Peu à peu, elle détruit la place du corps pour acquérir à elle seule une plus vaste conscience, elle s'impose. Pour l'être qui comprend la valeur de ce phénomène, une nouvelle vie commence, une vie de force où les malheurs passent sans oser effleurer de leur aile la nouvelle créature qui leur est opposée.

Ne pas cultiver sa pensée, ne pas transformer en elle énergie et volonté, c'est se conserver infirme, borné, incomplet, inapte à la lutte, c'est être au centre de la grande énigme une petite conscience d'un poids infime, que le premier hasard emportera aussi facilement qu'un fétu de paille sur un vent d'orage.

C'est être un malade qui ne veut pas se soigner, dédaigne tous les médicaments, se languit et meurt.

C'est être aussi l'individu chétif qui ne veut apprendre aucune gymnastique pour se développer et qui préfèrera l'air confiné au grand air pur de la campagne, riche en oxygène et en principes rénovateurs.

C'est être aveugle, paralytique et sourd au milieu des sains, des clairvoyants et de ceux qui entendent.

Toutes les joies humaines, toutes les espérances et tous les songes, tous les vrais triomphes viennent de cette faculté mystérieuse qui est un secours et une puissance.

Sans elle, l'homme dort et s'ignore, il est démuni et voué aux pires défaites.

Quel est l'état du moi où la pensée développée règne en triomphatrice ?

C'est en l'être comme un miracle qui l'anime tout à coup et lui fait percevoir, par tous ses sens, la vie et ses beautés, c'est un prodige de lumière et de vérité. L'intelligence développe une activité inouïe, une force heureuse, une confiance parfaite.

Tous les instincts obscurs de terreur sont terrassés. L'individu se sent en quelque sorte indépendant de toutes craintes, tant il a la sensation d'une supériorité sur la généralité de ce qui l'entoure.

C'est une vie libérée, méconnaissable, qui, sortie des ténèbres, se plonge dans de la lumière et de l'espérance.

La personnalité est intacte, sûre d'elle-même, dégagée de toute superstition mesquine et étroite, sa fierté se dresse au-dessus des délires et des bouleversements.

Arrivé à un tel degré de possession du moi, l'être est bien l'adversaire de la grande force universelle, il est au point mystérieux où l'obstacle se heurte à lui sans l'entamer.

Souvenons-nous du mot d'un de nos grands philosophes :

« Les choses les plus impossibles sont les plus petites. »

Se dresser de toute sa pensée, de toute sa force intelligente contre le hasard est une si grande et si noble chose qu'elle est facile.

La pensée qui survit à tout, qui vient d'une source si mystérieuse qu'elle semble éternelle, a en elle des secours insondables, laissons-nous aller à elle, reposons-nous en elle et n'obscurcissons point son cours lumineux par les vaines et enfantines terreurs du corps.

Si l'homme ne fait pas triompher sa pensée de son corps, il est semblable par sa misère, ses petitesses et ses défauts, aux millions d'êtres, animés ou non, qui peuplent le globe où l'attache le fluide magnétique universel. Rien ne le distingue, il est une goutte d'eau au sein de l'Océan immense, un grain de sable dans le désert sans fin.

Aucun intérêt n'attachera à lui les forces puissantes qui guident tout.

Cette conscience, ce sentiment du moi spécial, c'est toute la force de l'homme. C'est l'organe destiné au développement complet qui conduira l'être au maintien intégral de lui-même et... qui sait ? peut-être à son éternité ou à sa résurrection malgré les coups des forces fatales.

La pensée humaine est un centre d'énigme d'où peuvent sortir tous les triomphes sur les inconnus redoutés.

C'est d'elle que naissent les expériences dues aux souvenirs et qui créent les forces personnelles.

C'est d'elle que vient la parfaite conscience du moi et la confiance réelle de l'être en ses forces intimes.

La pensée est le centre de toutes les résistances.

C'est elle qui défend l'être de la mort. Un bon moral, une pensée forte, un vouloir vivre énergique, ce sont, disent nos majors du Front, les premiers remèdes aux plus graves blessures. Dès que la pensée veille, le corps s'arrache aux étreintes du néant.

III. — FORCES PSYCHIQUES, NATURELLES ET UNIVERSELLES

Il y a une lutte puissante, une pression mystérieuse des forces de l'âme, du corps et du hasard.

Les forces de l'âme sont nobles, elles sont, de racine, instinctives et se développent par la gymnastique de l'esprit, le travail et l'intelligence. Elles sont en nous, à l'état latent et pourraient demeurer telles si aucun agent ne les venait épanouir.

L'enfant, à sa naissance et dans les premiers âges, ne se distingue que peu de l'animal, il a comme lui des instincts, une petite intelligence embryonnaire, il boit, mange, se meut, souffre et a des joies, mais tout est en lui privé de raisonnement, son esprit est pareil à une plante qui germe au sein de la terre. C'est vers sept ans que vient, dit-on, la raison, la connaissance plus clairvoyante des faits et de leur liaison entre eux. Est-ce dire que l'humain a besoin de cette période pour acquérir la force morale, l'énergie cérébrale nécessaire à son expérience ?

Tout porte à le croire. Certains enfants sont doués de raisonnement très précoce, soit parce qu'ils vivent dans un milieu plus propice à leur gymnastique cérébrale, soit qu'ils aient en eux des ressources ataviques plus complètes et plus riches travaillant à leur intime éclosion. Les enfants des villes se développent intellectuellement et moralement plus vite et mieux que ceux des villages, parce qu'ils sont entourés de vie intense, d'images variées, de caractères différents. Leur esprit subit une culture forcée, leurs facultés progressent parce qu'elles sont soumises à une gymnastique répétée et constante.

On dit alors que ces petits de l'homme sont plus sensibles, plus émotifs, plus fins.

Chez l'enfant des campagnes, l'intelligence aussi s'est éclose, mais elle demeure brute, un peu, ainsi qu'un beau lingot de métal qui a son poids, sa valeur marchande, mais qui n'est pas travaillé par l'artiste et n'est point égal à un bijou ciselé, fouillé, où s'enchassent les pierreries et les joyaux.

Plus l'homme a pu développer son intellect, plus cet intellect a de forces révulsives.

Les forces morales cultivées, affinées, sont

plus résistantes, plus robustes, moins sujettes à la brusque surprise des défaites corporelles.

L'esprit est un champ de bon rapport, un terrain de bon rendement Plus on s'occupe de son perfectionnement, meilleurs sont les résultats, et c'est dans les grandes circonstances que cette vérité se met à l'épreuve.

L'homme, qui a su travailler son esprit et parfaire son âme, possède toujours sur lui-même un empire supérieur et est capable de grandes choses.

Pendant cette guerre affreuse, vous avez ouï dire, souvent, devant un beau fait d'armes :

— « Pourtant, ce ne sont que des paysans, des pauvres gens de la terre ! »

Cette exclamation d'involontaire surprise, semble prouver que selon le degré de culture morale on attend des traits de beauté morale.

De la vaillance, chez les simples, nous cause un étonnement. Logiquement, la culture du cerveau doit lui donner des énergies triomphantes, des forces meilleures.

Nous verrons tout à l'heure, d'ailleurs, comment un cerveau frustre fait éclater sa gangue et se transforme, donnant ainsi raison à ce qui expose : « Sans lumière, on ne fait pas de travail satisfaisant ».

Pour résister, pour triompher, les facultés

intellectuelles et morales ont besoin de développement, de travail, d'exercice, d'expérience.

Les facultés supérieures de l'homme, lorsqu'elles ne sont point développées se laissent facilement dominer par les atteintes extérieures et par l'appel instinctif qui vient du corps et de la nature brute.

Les forces morales à leur apogée sont en lutte constante avec d'étranges ennemis invisibles, mais de nette existence, c'est pourquoi l'être affiné ne connaît nul repos, il est sans cesse sollicité par de puissants contraires au combat desquels travaille son énergie.

L'individu ordinaire connaît peu ces luttes et goûte un repos presque absolu.

L'individu absolument dépourvu d'intelligence ignore ces luttes et mène ce que l'on appelle une vie végétative, exempte de désirs, de remords, d'élans heureux vers le bien, et de retenues contre le mal.

Mettons ces trois individus de mentalité différente devant la même phase de vie, par exemple, et analysons le degré de leur résistance dans la lutte respective qu'ils soutiendront face à une sollicitation de leurs forces corporelles.

Supposons que chacun de ces individus ait rencontré un ami ; on a causé et pour mieux se comprendre et rendre la conversation plus agréable, on s'est attablé dans un café.

Le premier individu, après la consommation de début, décline l'offre d'une seconde. Pourquoi ? Parce que son intellect lui oppose divers raisonnements triomphants : santé, économie, bonne conduite, temps précieux.

Les forces corporelles opposent : repos agréable de quelques bons instants, goût exquis de la liqueur, liberté d'être et de faire ce qui plaît, satisfaction individuelle du moment.

De cette lutte, l'homme affiné sortira indemne, car son énergie ne se laissera même pas effleurer par une résistance animale, les offres tentantes de la bête ne demeureront qu'à l'état d'ébauches informes et sans vigueur.

Le second individu laissera déjà la bête prendre empire sur lui, il acceptera d'elle les conseils du repos agréable et du goût exquis. Tenté par le diable, il dira pour opposer sa faiblesse et l'excuser devant son esprit en révolte instinctive : « Une fois n'est pas coutume. » « Cette liqueur est tellement bonne qu'on y revient. » « Nous ne nous rencontrons pas si souvent, il faut en profiter. »

La lutte existe, elle est réelle et visible. Cependant la victoire reste au corps parce que l'esprit n'a pas assez d'énergie, pas de force triomphante. Il perçoit parfaitement en lui un adversaire, mais il n'a pas les armes pour le combattre.

Le troisième individu acceptera passivement les sollicitations de l'animal, il ne percevra en lui nul adversaire ; son intellect est absent ou endormi ; seul, le corps commande.

Pour que son esprit ait une victoire, il faudra une expérience.

Supposons que cet individu ait tant accepté de consommations de l'ami rencontré qu'il l'ait quitté ivre et que la suite de cette intempérance soit une indisposition douloureuse et grave.

Le corps l'oubliera, mais l'esprit en gardera l'impression.

A la prochaine tentation, tandis que les forces brutales réclameront hautement leur satisfaction, l'intellect dressera devant elles, en adversaire, l'image du malaise subi.

Je ne dis pas qu'il y aura triomphe, mais il y aura eu une marche en avant : l'individu, jusqu'alors dépourvu d'intime sensation, aura senti s'éveiller en lui l'adversaire.

Il y a donc lutte sensible et nette entre les forces du corps et les agents défensifs de l'intelligence.

Que veut l'intelligence ? La victoire de l'individu sur les instincts pervers, sa conservation intacte, son acheminement le plus constant possible vers un perfectionnement. La force contre les appels de l'extérieur et contre les appels de l'animal.

L'extérieur et l'animal sont les agents destructeurs de l'individu. L'animal parce qu'il meurt et désire entraîner avec lui l'individu au néant total. L'extérieur, parce qu'il est l'adversaire de l'intellect qui le domine et s'en fait un serviteur.

Sans cesse, l'intelligence, force clairvoyante et lumineusement vivante, est dressée contre ces deux agents destructeurs de sa personnalité.

Si l'intellect lutte contre l'animal, l'animal à son tour lutte contre l'extérieur qui lui oppose ses forces brutales.

Le pouvoir créateur a doué l'homme de forces physiques pour résister aux atteintes des agents combinés pour le détruire.

« Une vapeur, une goutte d'eau suffit pour le tuer. » La vapeur, la goutte d'eau peuvent donc être ses ennemies ; mais les forces naturelles, les forces natives de l'individu luttent en lui triomphalement et veillent avec sollicitude sur sa conservation.

On reste étonné devant cette constatation, parce qu'elle a toutes les formes d'un tour que la nature se serait joué à elle-même. Elle a créé l'homme, il est son adversaire, tout en elle conspire à sa destruction et elle a placé en lui de telles richesses qu'il peut la vaincre et se rire de ses atteintes.

Les forces physiques de la créature contre l'extérieur sont mystérieuses, elles sont le principe d'une révolte dont la cause est inconnue, mais dont l'effet se manifeste visiblement.

Le corps humain, par exemple, est un terrain de surprenant combat. Il se détruit par les microbes, c'est un réceptacle d'infiniment petits, d'invisibles molécules vivantes, qui concourrent à sa mort, à sa disparition totale. Eh bien, parmi ces molécules également nuisibles, il en est qui sont animées d'instincts adversaires, de façon à ce que tels germes de maladies détruisent les germes d'une maladie plus grande ou même créent, dans l'individu qu'ils possèdent, une invulnérabilité au mal dont ils sont les agents transmetteurs.

Je m'explique :

Pourquoi les habitants des villes, exposés à toutes les promiscuités, à toutes les contagions par l'agglomération, le manque d'aération et d'hygiène, se portent-ils mieux et vieillissent-ils plus vieux que les gens de grand air ? Pourquoi meurent-ils moins de maladies lentes ? Sont-ils invulnérables à tous ces germes morbides qu'ils respirent ? Oui.

Aucun des habitants des villes n'a échappé à l'atteinte du mal, ils en sont tous touchés, mais ils n'en souffrent pas, le mal s'est figé en eux, il s'est arrêté parce que tout son travail était fait. L'individu des villes est infecté, l'infection n'a pas prise sur lui.

C'est une loi générale naturelle que l'individu se défende par le mal même.

Quand une épidémie sévit, ce sont les plus sains qui y succombent, les affaiblis qui résistent, les très malades qui ne sont pas frappés du tout.

Le corps lutte contre l'extérieur et porte en lui-même l'étrange et visible phénomène de cette lutte.

Quand l'homme devient malade, ses forces physiques suscitent en lui une défense, l'organisme se rebelle contre le mal. La fièvre par exemple est un agent triomphant qui expulse du corps les poisons mis par la nature, elle semble elle-même maladie, elle n'est en réalité que l'expression visible de la défense du corps contre l'extérieur et les atteintes morbides subies :

Le rhume de cerveau qui semble une maladie n'est que le phénomène visible de la lutte de l'organisme contre l'asphyxie. Sans l'écoulement

survenu de la membrane pituitaire, l'individu
succomberait à la congestion. L'éternuement que
on regarde comme un signe précurseur de malaise, annonciateur de grippe ou de coryza, si-
gnifie aussi que le grand danger est passé et que
la maladie triomphe de la mort.

Ainsi l'individu se défend physiquement
et plus il est atteint par l'extérieur, plus sa défense est aisée, il semble lutter félinement avec
son adversaire et l'épuiser plus par une résistance longue que par un combat énergique et
violent où, lui-même, épuiserait ses forces personnelles.

C'est ainsi qu'aux siècles passés, temps an-
ciens et moyen âge, existait contre l'homme toute
une foule d'affections terribles qui avaient des
noms abominables tels que : lèpre, peste, choléra, etc...

Ces affections ont-elles disparu ? Le progrès
a-t-il réalisé ce miracle d'atténuer puis de détruire les germes morbides, les puissants poisons
qui décimaient les peuples et semaient la terreur?

Ce sont les individus qui se sont défendus seuls
ou presque. Ces maladies qui semblent éteintes
existent encore, mais le terrain où elles s'atta-
quent est plus résistant, il y a dans chaque individu une influence de lutte intime héréditaire.

Avec chaque descendance, le virus du mal s'atténue et sous le poids du temps, les infections affaiblies s'endorment et finissent par ne plus se réveiller.

Le mal n'est pas disparu, il demeure, mais il est dompté et n'a plus prise sur sa victime.

Plus la maladie d'un peuple a été profonde et cruelle, plus elle devient bénigne et faible, en ses formes, avec l'ancienneté. Plus un peuple a été atteint, plus il acquiert, avec le temps, de résistance physique et de santé. On peut dire que la violence des épidémies renouvelle le sang des mondes.

A travers les âges, toutes les résistances opposées par l'individu sont des victoires décisives, gagnées pas à pas et qui aboutissent à la longue à l'immunité naturelle.

L'homme d'une race maladive atteint, au travers de ses ancêtres, un état réfractaire absolu et confère à ses descendants une force croissante qui aboutit à la création d'individus sains, dépourvus de germes morbides.

Les individus qui ont été atteints de fièvre typhoïde, de variole noire, de choléra indien, etc... ne sont pas atteints plusieurs fois si le mal a eu une grande violence, leur économie s'est nantie, au centre du mal, d'éléments destructeurs du virus ennemi, ce sont ce que l'on appelle des attributs immunisants qui prennent peu à peu l'avantage sur l'infection et la terrassent, puis défendent l'individu contre toute nouvelle inoculation.

Ce phénomène est le principe du vaccin.

On inocule dans l'organisme un virus pour provoquer chez le patient, contre la maladie, cet éveil de microbes défenseurs qui gardent le corps contre le mal.

C'est une défense toute mécanique et dont les preuves sont parfaites et visibles.

Donc l'individu humain est doué par la puissance universelle d'un système mécanique de défense corporelle contre les atteintes de l'extérieur. Il a en outre un autre système de garde qui est guidé par son intellect. En somme, l'être sans cesse en butte aux dangers est sans cesse sur la défensive de quelque côté que viennent les coups.

L'intellect lutte contre les besoins animaux qui, en leurs excès travaillent à la destruction morale. Il se fait l'adversaire de tout ce que nous nommons, en science morale, les défauts, et qui sont par exemple, pour le corps d'abord :

La gourmandise.

La paresse.

Les vices de toutes sortes.

Pour l'âme ensuite :

La peur et toutes les faiblesses morbides.

On s'étonne que chez certains êtres frustres, comme dans l'exemple du soldat-laboureur de tout à l'heure, des qualités exceptionnelles soient ées ; c'est que leur intellect, non développé d'abord, a pris, sous l'empire d'un heurt extérieur, un développement spontané et noble d'où sont venues des qualités et des vertus.

Quand vous touchez au hérisson, il sort tous ses piquants. Quand l'extérieur heurte l'homme, ce dernier se met sur la défensive et se hérisse de moyens.

Le courage commence par la peur, dit-on.

Le courage, c'est un piquant du hérisson. Pour se défendre, l'homme devient brave et regarde le mal en face.

Dans le système universel, tout est lutte.

Regardez autour de vous et vous constaterez cette vérité. Dès qu'il fait un temps radieux, un soleil magnifique, un ciel sans nuages, ne dites-vous pas : « Il va faire de l'orage, le temps est trop beau ! »

Quand vous êtes heureux, ne songez-vous pas avec crainte, dès que vous regardez en avant : « Qu'est-ce que l'avenir nous réserve ? »

Rien n'est stable. Tout est entraîné par le magnétisme universel et tout se combat.

Il y a une pression mystérieuse de forces, qui

veut la destruction de ce qui existe, obéissan[t]
ainsi à une énergie directe qui veut tou[t]
renouveler. Cette énergie impressionne su[r]
tout l'être humain. Plus que nulle créatu[re]
de l'Univers, il est sollicité et entraîné par cett[e]
force et demeure dans son ambiance, il l[a]
perçoit directement parce qu'il est le seul êt[re]
doué de sentiment moral et de pensée intelli[-]
gente.

Cette énergie qui l'impressionne, il en recon[-]
naît seul la présence et la transforme, en son e[s-]
prit et en son corps, en une énergie vivante, qu[i]
à son tour, fait pression et lutte contre ces force[s]
extérieures qui la veulent anéantir.

L'individu humain se défend. Il ne veut pa[s]
être au niveau de toutes les espèces, animées o[u]
non, qui venant de l'abîme retournent à lui
au bord du mystère il tient à essayer de compren[-]
dre et désire illuminer les ténèbres du rayonne[-]
ment de son intelligence.

L'expérience est difficile et lente, mais ell[e]
n'est pas impossible, car la force individuell[e]
humaine se renouvelle inépuisablement.

L'individu s'adapte aux heurts du hasard. [Il]
souffre d'abord, il subit ensuite, il triomphe en[-]
fin. Il interprète son mal à sa manière et c'es[t]
ainsi qu'il le vainct.

Je reviens à mon soldat laboureur, à ce pet[it]

soldat de France dont les merveilleuses qualités morales, écloses au son du canon, étonnent et surprennent.

La guerre qui éclate éveille en lui le désespoir, la haine. Il part et il est triste, bien que superficiellement ses nerfs le fassent gai et excité. Il arrive au combat et devant lui se dresse le spectre de la mort.

L'individu est passé par les deux premières phases de la souffrance et de crainte, puis de soumission. Vient ensuite la phase d'énergie, la pression mystérieuse des forces individuelles contre l'atteinte extérieure. Ainsi que le corps malade sent naître en lui des éléments défenseurs contre l'inoculation morbide, l'individu menacé sent naître en son intellect, en son être noble, des ressources inconnues, des énergies insoupçonnées.

Le petit paysan est devenu, sous la poigne de la peur, un héros.

Tout son intellect neuf, né d'hier, s'est dressé contre l'inconnu. Une expérience morale lui est venue de la brutalité surhumaine du danger.

C'est pourquoi, à ces enfants de vingt ans vous voyez des regards de vieux briscards et vous entendez d'eux de sentencieuses paroles d'hommes mûrs. En quelques mois, ils ont subi la métamorphose qui aboutit au triomphe intégral de l'individu.

Plus les étapes ont été cruelles, plus la lutte a été ardue, plus la victoire est précise et complète.

IV. — ÊTRE FORT,
C'EST VAINCRE L'INCONNU

Il ne faut jamais perdre courage. Celui qui ne croit pas en lui ne réussit en rien.

Il ne faut jamais perdre courage.

L'homme a la valeur de toutes les forces qu'il peut imaginer.

Croire en sa chance est une force protectrice.

Socrate disait : « Si malade sois-tu, fuis le lit, car le lit est frère du cercueil. Mourir debout, c'est être prêt pour enjamber l'éternité. »

Écoutons le sage antique et ne soyons pas faibles.

Ne pas perdre courage, tel est le secret du triomphe.

L'homme qui ne tremble pas fait reculer le danger, il met entre le péril et lui un élan qui brise la force du heurt que lui destinait le hasard.

La réunion de chaque courage individuel fait une masse de résistances invincibles.

Figurez-vous la barrière de vivantes poitrines qui de Dunkerque à Belfort ont arrêté le farouche assaut de la horde teutonne. De quoi fut faite la force de cette barrière incroyable ? De chaque énergie de combattant. Ces hommes, souffrant dans leur chair, dans leur esprit, couchant sur la boue et écoutant sans cesse la mitraille semer autour d'eux la mort et les blessures, n'ont jamais perdu courage. C'est la somme de toutes ces résistances qui a formé le grand miracle de vaillance.

Chacun fut fort, et être fort c'est déjà être vainqueur.

Voyez le malade sur son lit de douleur. S'il se laisse aller, il est perdu, le mal met sur lui son emprise fatale et, une à une, ses énergies céderont et ce sera la fin de son corps. Mais qu'il résiste, qu'il se redresse, qu'il veuille guérir et il guérira.

Vouloir vaincre, c'est vaincre.

« Je veux être belle, disait Rhoé, et Rhoé fut
« belle. Elle était petite et mince, si menue qu'on
« souriait d'elle; sous ses cheveux embroussaillés
« ne se voyaient pas ses yeux, sa voix grêle sem-
« blait n'avoir nul charme et sa démarche sau-
« tillante ne présentait pas de grâce.

« C'est alors qu'elle rencontra Théognis et il
« lui plut tant qu'elle voulut lui plaire.

« Ses amies à qui elle confia ses rêves se rirent
« de son orgueilleuse croyance et de sa fatuité.

« Pourtant Rhoé devint ce qu'elle s'était pro-
« mis et Théognis daigna jeter sur elle des re-
« gards aimables. Et quand on demandait à
« Rhoé quel miracle avait accompli en elle du
« charme et de la beauté, elle secouait doucement
« la tête et répondait :
« De la volonté, du courage et de la croyance
« en moi. »

Dans toutes les circonstances de la vie, c'est vouloir qu'il faut. C'est se dire : « Je puis ce que je veux » et ensuite il s'agit de mesurer son effort à l'énergie morale qui a fait naître la croyance en une valeur personnelle triomphante.

La créature humaine est une réalité, il s'agit pour elle d'en avoir la conception et de s'affirmer au centre du mouvement fatal qui l'entraîne. Ne pas se laisser impressionner, avoir sans cesse en elle la pensée de résistance, voilà quel doit être son but.

L'individu ne doit jamais défaillir et céder à la nature, ou, s'il le fait par fatigue passagère, il doit ensuite récupérer toutes ses énergies pour regagner le terrain perdu et reconquérir pied à pied son indépendance.

Durant les nuits où le canon tonne, le soldat debout à son poste de guet trouve les ténèbres cruelles et les heures lentes, de sinistres images s'éveillent en son cerveau et des regrets amers montent de son cœur. La nuit est triste.

L'homme est la proie de la nature, il souffre et défaille.

Mais voici le jour, voici qu'au bord de la tranchée une raie pâle annonce la clarté et que de gais petits cris d'oiseaux rappellent le printemps et la vie.

L'homme a compris et se redresse, des espoirs illuminent son âme et le beau sentiment du courage accompagne enfin celui de la patience et du devoir. Le soldat est sauvé, il est fort, il est libre, il se sent une énergie et son esprit dégagé des ténèbres laisse entrer à flot les rayons dorés de la croyance en lui.

J'ai déjà beaucoup entendu dire :

« Celui qui veut triompher dans la vie triomphe.

« Celui qui tremble ne réussit que par surprise.

« Celui que ne croit pas en lui ne réussit en rien.

Il y a un Dieu non seulement pour les audacieux, mais pour les forts.

Nos soldats de la guerre disent autre chose, et je le tiens des blessés qui ont parlé par expérience :

Sur cent hommes qui vont au feu, il y en a cinquante qui reviennent indemnes, parce que ces cinquante-là sont partis à l'assaut sans penser au danger, avec la seule volonté de vaincre, sans aucune idée de la mort.

Il y en a quarante qui ont quelque blessure grave ou non parce que, bien que braves, ils ont songé à un moment ou à un autre, peut-être avant l'attaque, que ce serait peut-être pour eux une aventure finale et qu'en tout cas ce pouvait être possible.

Sur le déchet des dix autres, il y a eu sans doute des prisonniers et des morts parce que ceux-là ne croyaient plus en eux.

Il y a certes des exceptions, mais le fait est frappant.

Ceux qui croient en leur invulnérabilité passent partout ainsi que des démons, et ceux que l'idée possible du malheur effleure, laissent ébranler en eux une sorte de confiance sacrée qui semble être un fil ténu et mystérieux qui relie à la chance. Ceci n'est qu'une croyance, sans doute, mais elle est le principe de la force morale au milieu de la tragique épopée. Et c'est pour l'avoir entendu formuler à maintes reprises que je me permets de l'exposer ici.

Peut-être est-ce en somme à cause de cette croyance protectrice, que certains combattants se sont tirés de situations inextricables ? Ayant conservé leur équilibre moral, ils ont pu trouver en leur imagination et en leurs forces corporelles des ressources bienfaisantes que l'homme hanté de désespoir n'aurait pas pu récupérer d'abord et dont, ensuite, il n'aurait pas su tirer parti.

Croire en sa chance est une force protectrice, car elle donne les énergies qu'il faut, les hardiesses nécessaires, elle infuse les clairvoyances, elle permet de tirer parti des circonstances, qui se présentent, pour hâter le sauvetage de ce qu'on aurait pu perdre.

Il faut faire une part à l'inconnu, néanmoins, car bien des soldats qui ne croyaient pas en leur mort ont été frappés et sont à jamais immobiles sous la terre sacrée de France, baignée de leur sang. Beaucoup se sont dit en fermant pour toujours les yeux : « Je croyais pourtant revoir les miens ». Mais cependant, c'est une vérité absolue que la croyance ferme en sa chance personnelle est une protection ; elle est, en tous cas, un secours moral et une source d'équilibre et de richesses défensives.

J'ai vu dans un hopital du front un blessé qui avait reçu un éclat d'obus dans le poumon. Il était condamné par les médecins. Sa femme appelée auprès de lui pleurait.

Il la regarda :

« Et pourquoi me pleures-tu, je ne suis pas encore mort. Je me suis tiré des pattes des

Boches, je me tirerai des mains des médecins et je sortirai d'ici, je t'en réponds, non pas les pieds devant.

— Cette énergie est extraordinaire, disait le chirurgien chef. Ce bougre-là déroute toutes mes connaissances !

Le bougre guérit. Comment ? Nul ne put jamais le dire. Ce fut un apparent miracle, car dix autres, en semblable circonstance seraient morts. Celui-là vécut et se sauva. Je dis : « se sauva », car c'est l'expression nette des chirurgiens.

Il avait en lui une telle confiance, de telles énergies, une telle volonté de vivre, qu'une terreur sacrée faisait se signer les bonnes sœurs de Saint-Vincent de Paul qui le veillaient.

Il dormit toutes ses nuits, il mangea et but malgré ses souffrances, il subit toutes les tortures, mais il s'en tira parce qu'il mit pour cette victoire toutes ses forces en rang, toutes ses résistances physiques et morales. Jamais il ne se laissa abattre même au cours de fièvres terribles.

C'est une preuve vivante de triomphe par la croyance intime, et ce qui le rendit fort ce fut l'intime conviction de son invulnérabilité !

J'ai vu par contre l'exemple contraire :

Dans la même ambulance était un petit blessé,

une balle lui avait brisé la cuisse. Pendant quelques mois il traîna, ni bien, ni mal, mais sans énergie, sans volonté. Pas d'appétit, idées noires, nervosité, sommeil nul.

« Mauvais malade, disait le chirurgien, il a peu de chose, mais le moral est si bas...

Le blessé à la longue, malgré tous les soins fit de l'anémie-tuberculeuse et mourut.

A l'autopsie, pas de lésion, rien que de la pauvreté physiologique, blessure en voie parfaite de guérison.

Preuve terrifiante du triomphe des forces extérieures sur la défaillance de l'individu humain.

L'homme, tout bien considéré, a la valeur de toutes les forces qu'il veut envisager, même les plus formidables, parce qu'il trouvera toujours en son énergie, en son intelligence les ressources nécessaires à son triomphe. Tout ce qu'il peut atteindre, l'humain peut le vaincre, il lui suffit de s'y arrêter, de faire le siège de l'adversaire pour s'en créer ensuite un serviteur

Aux temps heroïques de la Grèce, les exploits des héros ou demi-dieux remplissent les pages de l'histoire.

C'est Hercule qui tue le lion de Nemée, l'hydre de Lerne, nettoye les écuries d'Augias, ravit les pommes d'or du jardin des Hespérides, creuse les colonnes d'Hercule qui unissent l'Atlantique à la Méditerranée.

C'est Thésée qui détruit le Minotaure.
C'est Jason qui conquiert la Toison d'Or.
C'est Œdipe qui donne l'énigme du Sphinx

Légendes ? Que non. Récits que les siècles ont dorés peut-être, mais au fond desquels vit une chose : du triomphe humain sur le hasard, de la victoire humaine sur des adversaires puissants. Ces exploits des héros grecs ressemblent aux exploits de nos modernes, et qui sait, dans des centaines de siècles, avec quelles fables redorées on commentera les exploits de Guillaume d'Orange appelant la mer au secours de l'indépendance de la Hollande et ceux de nos soldats de 1870 dans Belfort, et ceux de nos soldats de 1914 tenant la horde en respect, faisant une muraille de leurs poitrines et étonnant l'Univers de leur vaillance et de leur simplicité héroïque ?

L'homme qui peut capter le torrent, détourner le cours du fleuve, lire les astres, asservir le soleil, creuser la montagne, pénétrer les profondes entrailles de la terre, dompter le feu, soumettre la foudre, domestiquer l'eau, l'air, la vapeur, le vent ; l'homme qui peut être oiseau ou poisson, à son caprice ; l'homme qui peut vaincre la rage, tuer la douleur et la sensibilité, fouiller dans la chair et en arracher le cancer et tous les poisons ennemis, sait-il lui-même où se peuvent arrêter ses pouvoirs?

N'est-il pas vraiment un demi-dieu ? Et devant un tel bilan de puissance, comment peut-il encore être craintif et trembler ?

Après avoir osé tant de choses et avoir eu tant de triomphes, ne doit-il pas croire en lui.

Toutes les victoires humaines ont pour principe la croyance ferme absolue en eux-mêmes de ceux qui ont réussi.

Génies ? Non. Etres de volonté, d'énergie, de confiance, de patience ? Oui. Athlètes des forces personnelles.

« Aux plus puissants le monde ». N'est puissant que celui qui le croit et que celui qui le veut.

V. — A LA GUERRE. DEVANT LA MORT

Il est salutaire de voir la mort en face et d'en préparer la possibilité de toutes les forces de l'intelligence. — Ne rien craindre. — La mort s'éloigne de qui l'envisage sans épouvante et lui oppose le triomphe de ses forces vives.

C'est un manque d'énergie et de noblesse humaine que craindre la mort. C'est être attaché à la nature que se révolter contre la fin.

Peut-être notre disparition est-elle une faiblesse, c'est-à-dire que nous sommes peut-être victimes d'un triomphe de l'Univers sur notre ignorance ? L'humain arrivera peut-être à devenir éternel.

C'est là la théorie de certains esprits.

Chez d'autres, il est avéré que la mort de l'humain est une nécessité et puisque, en somme, cette hypothèse est celle qui triomphe de nos jours et qu'elle semble la plus raisonnable, c'est donc à elle que nous nous rallions et c'est en elle que nous allons philosopher le plus humainement possible avec toute la puissance triomphante de nos forces intelligentes.

Il est salutaire de voir la mort en face afin de s'adapter à elle puisqu'elle est une nécessité et une fatalité. Elle arrive à nous à chaque seconde, à chaque minute, à chaque heure, c'est le but de notre vie et la fin de notre aventure sur la terre. Pourquoi ne pas avoir le courage de l'admettre et de l'accepter ? Admettre la mort, n'est pas plus compliqué ni plus épouvantable qu'admettre la fin du jour, l'obscurité qui suit la disparition du soleil et le sommeil qui terrasse les êtres suivant la position de la terre dans l'espace.

Puisque nous croyons à la mort et qu'elle est une vérité, il faut la regarder face à face simplement.

La détresse, panique que jette en nous la pensée de la mort, est une injustice et une faiblesse.

Une injustice, parce que nul ne sait ce que la mort recèle.

Une faiblesse, parce que l'humain qui dompte tout doit aussi savoir dompter la peur.

Le chrétien ne craint pas sa fin parce qu'il croit en une survie en un lieu idéal de récompense et de repos. L'individu noble et fort n'a pas besoin de croire en une promesse de félicité pour accepter stoïquement ce qui doit être, c'est une lâcheté qu'accepter une chose parce qu'elle est bonne, c'est une injustice aussi, commise contre soi-même, car rien n'a jamais prouvé qu'elle fût bonne et la surprise peut être très douloureuse, si la mort est un lieu de souffrance, par exemple.

La mort est la condition de la vie. L'humain ne naît que pour mourir. Mort et vie sont les deux pôles de l'existence de l'homme.

« Pourquoi craindre la mort, dit Buffon, « pourquoi redouter cet instant puisqu'il est « préparé par une infinité d'autres instants du « même ordre, puisque la mort est aussi naturelle « que la vie et que l'une et l'autre nous arrivent « de la même façon, sans que nous les sentions, « sans que nous puissions nous en apercevoir et « nous en souvenir. »

Pourtant, mis en présence de la possibilité de sa fin, l'humain est pris de vertige et déraisonne. C'est qu'il ne possède point encore les forces personnelles triomphantes pour accepter ce qui n'est plus du hasard, ni de l'inconnu, mais du prévu.

L'homme sait qu'il meurt et c'est ce qui le fait noble et supérieur. Dans sa vie, c'est la seule certitude non menteuse qu'il ait dès sa naissance.

Pourquoi alors l'humain craint-il la vérité puisqu'il semble la rechercher sans cesse?

La vraie preuve de force individuelle, la vraie affirmation de noblesse de la personnalité, c'est l'acceptation pure et simple de notre fin, c'est la croyance en cette unique vérité et la confiance en sa bienfaisance.

« Nous ne craignons qu'une chose, disaient les Gaulois, c'est que le ciel nous tombe sur la tête. »

Les humains de notre grand siècle peuvent dire : Nous ne craignons rien, pas même la mort.

Qui ne craint pas la mort fait son devoir dans la vie, son devoir large et libre parce que c'est un fort.

Ceux qui sont à la guerre et qui vivent face à face avec la mort ne la craignent pas, ils n'y songent pas, parce que mourir est une chose simple, la plus simple. Et puis, disent-ils, mourir aujourd'hui, mourir dans dix ou vingt ans, c'est pareil, puisqu'il faut partir un jour.

Et ils sont braves, ils sont grands, ils sont joyeux et bons parce qu'ils comprennent tout le prix de la vie et du devoir, ils savent quel rôle triomphant ils jouent. Ils oublient la mort et ils ne craignent plus rien. Dès que cette terreur est morte chez l'homme il est un être librement heureux et délivré d'une étreinte qui l'étouffait.

La mort, c'est elle seule qui fait apprécier les bontés de la vie et en fait comprendre les inutiles peines.

N'y a-t-il chez nous qu'un événement qui compte, notre vie ?

Ne redoutons pas la mort. Regardons-la comme une amie si nous y songeons, faisons-la douce et bonne, car, au fond, nous ne voyons jamais les choses, et les événements, qu'au travers de notre imagination ; ne nous offusquons pas de la fatalité irrémédiable de notre fin, puisque ce souci ne nous avance à rien qu'à souffrir et à empoisonner nos heures de vie.

La mort n'est terrible que par la séparation d'avec les êtres chers. Celui qui disparaît a fini le drame de l'existence, pour lui, la pièce est jouée et le rideau se tire, ceux qui souffrent ce sont ceux qui demeurent dans la vie et sont tout à coup brusquement privés d'une affection sûre, d'une tendresse, d'un appui. Voilà vraiment le seul côté pénible de la mort. Au fond, ceux qui gémissent sur la perte d'un des leurs ne gémissent que sur eux-mêmes, puisque, bien vraiment, dans l'idée de tout être, la mort est un repos et une fatalité. On sait parfaitement qu'elle ne vient qu'à son heure et que rien ne pouvait en arrêter la consommation.

Il ne faut pas perdre courage devant la mort

et ce conseil est aussi pour ceux qui en sont menacés que pour ceux qui restent après la disparition d'un des leurs. C'est l'épanouissement de notre force personnelle et de notre intelligence que d'essayer de la comprendre et de la réhabiliter. Pourquoi en a-t-on fait un épouvantail, alors qu'elle est peut-être un soulagement et un secours ?

C'est l'illusion venue de notre crainte et cette crainte venue de l'ignorance qui nous fait habiller la mort de terreur et d'horreur. Pourquoi lui donnons-nous l'aspect d'un squelette traînant un suaire ? N'est-elle pas plutôt un pur esprit de flamme, de lumière et de chaleur, n'est-elle pas un rayon ? Que savons-nous ?

Avec de telles idées qui sont de la justice rendue, cette nécessité ne sera plus une épouvante et nous oserons l'envisager sans crainte et sans effroi.

Ceux qui furent au front, entourés de cadavres de leurs amis tombés sous le feu meurtrier des ennemis, ont fini par s'habituer à cette hallucinante vision et à vivre avec elle, à dormir, à manger, à rire, sans en être effrayés ; c'est que du voisinage constant de la mort leur est venue une philosophie sans phrases, une philosophie belle et simple. Leurs facultés ne se heurtent pas à trembler devant elle, ils admettent son voisinage, sa possibilité ; entre eux et la grande vérité il n'y a plus de distance ; leur cœur se pus rifie, s'amplifie, s'ennoblit, c'est pourquoi ils sont héroïques. Ils n'ont pas peur d'elle. Ils n'y pensent pas parce qu'ils sont intimement pénétrés d'elle, ils sont dans l'état où nous met la possession pleine et entière d'un être aimé : on est heureux sans le savoir. Eux, sont pénétrés, possédés de la vérité parfaite sans en avoir conscience.

Alors il arrive ce phénomène étrange. Oublieux d'elle parce qu'elle les pénètre, la mort fuit ces forts, elle leur laisse la plénitude de leurs facultés.

S'ils se défendent, ce n'est pas par peur, ils ne craignent plus rien, c'est pour faire triompher instinctivement leurs forces vives. Et c'est là la plus haute sagesse et le plus beau devoir.

Faire de la vie et de la gloire au milieu de la mort sans le talonnement de la peur, c'est le summum de la grandeur humaine et son plus beau triomphe moral. En diminuant leurs pensées, ils ont diminué la distance ; ils touchent la mort du doigt et ils constatent qu'elle est simplement immobile, insensible et que ce qui est hideux en elle, ceux qui ne sont plus n'en ont pas conscience, elle n'est effrayante que pour ceux qui demeurent, alors, comme en général on ne s'occupe pas des endroits où l'on n'est pas et où l'on ne reviendra jamais, à quoi bon se torturer pour ce que l'on ignorera ?

D'ailleurs, ce n'est pas ce que l'on craint qui protège, au contraire.

On arrête un cheval emballé en se jetant à sa tête, non en le regardant passer et en tremblant sur son passage. Jetons-nous courageusement dans l'idée de notre fin, et quand nous serons face à la réalité nous ne nous sentirons pas à l'étroit et misérables.

On attend les naissances avec espoir et bonheur. Quelle différence y a-t-il pour l'individu, au point de vue sensationnel entre sa naissance et sa mort ? Il a l'inconscience de l'une comme de l'autre et il ignore pareillement la vie qu'il commence comme la mort où il tombe. Si l'enfant qui vient au monde était doué de jugement, qui dit que sa naissance ne l'emplirait pas d'horreur et de crainte tout comme l'idée de la mort jette en nous le trouble et le vertige.

Le triomphe de nos forces personnelles contre la mort qui est le grand hasard et la grande énigme, c'est de n'en point faire un épouvantail et de la considérer au contraire comme une aventure inévitable et qui est peut-être merveilleuse, c'est de détruire d'elle toutes les mesquineries, toutes les noirceurs qui s'y attachent.

Qu'est-ce qui a fait le bénéfice de toutes les religions, c'est qu'elles sont toutes un acheminement très doux vers l'idée de la fin, c'est qu'elles portent toutes en elles de divines fables d'au-delà.

L'individu vraiment noble et fort n'a pas besoin de ces enfantins secours, il doit puiser en lui seul le triomphe de la vérité et l'énergie de la voir en face.

Le soldat qui tombe au champ d'honneur sait qu'il a fait son devoir, il meurt content et calme, quant à lui, parce qu'il se sent pur et a la conscience de son martyre à la grande cause. Les parents qui le pleurent n'ont eux non plus aucune inquiétude quant à son sort d'au-delà, car ils ont de même la conscience d'une fin droite et noble, la plus belle, la plus grande de toutes, la meilleure.

Que reste-t-il ? La douleur.

De cette analyse de la mort, il demeure une seule chose tangible : la souffrance. C'est contre elle que l'individu doit également lutter en tout l'épanouissement de ses forces personnelles.

Se laisser aller à elle ce serait nier toute personnalité, et l'individu sur terre doit vivre et terrasser tout ce qui concourt à l'affaiblir.

VI. — CONCLUSION

Affronter le hasard. En faire la matière de son effort. S'affirmer devant lui. Etre.

L'individu au sein de toute souffrance, de toute douleur, doit demeurer lui-même et se reconnaître ; la conscience de sa force doit survivre en tous ses instincts physiques et moraux.

Le hasard, le grand imprévu, est le pivot autour duquel devront sans cesse être attirés ses efforts et qui devra les solliciter.

Ce serait nier toute personnalité que se laisser terrasser par les heurts du hasard. L'esprit humain doit être en constant éveil et tout prévoir, tout préparer, tout esquiver ou tout accueillir avec le même calme et le même équilibre.

Nulle inquiétude, nulle crainte ne devrait jamais assaillir l'humain qui saurait se défendre. Lutteur, soit, mais lutteur franc et brave contre un adversaire toujours prévu, toujours attendu, qui ne prend point son homme en surprise.

Ainsi que le passant attardé se munit prudemment contre les rôdeurs et les arrête de stupéfaction devant sa vigueur insoupçonnée, ainsi l'homme, dans la vie, doit se munir, afin de n'être jamais terrassé ni vaincu.

Nous avons exposé au cours de ce livre quelle place l'homme occupe au sein de l'Univers et ce qu'il est vis-à-vis du grand Tout. Nous avons démontré quelle est sa royauté et sa force. C'est avec cette impression constante, cette certitude de son pouvoir, que l'humain doit non seulement se soutenir dans le chemin de l'existence, mais encore être digne de sa personnalité.

L'être doit affronter le hasard, il doit en faire un loyal adversaire que l'on regarde face à face. C'est là le point sensible où se résume tout le problème de ce que dans notre obscurité demeurée, nous appelons notre chance.

Le hasard, le sort, la chance, la fortune, la destinée, tous mots qui se résument en un seul qui est l'avenir, nous les faisons un peu par nous-même. Le volontaire, l'audacieux, le fort, n'ont jamais de cruelles surprises parce qu'ils sont prévoyants et armés pour la lutte. On dit communément d'eux : « Ce sont des veinards, tout leur arrive ». On récolte ce que l'on a semé. Celui qui a su travailler en ses forces personnelles pour se défendre et vaincre, a tout naturellement droit à son triomphe.

Le hasard est en somme l'organe par lequel nous goûtons la vie, et les efforts que nous faisons autour de lui sont les fonctions vitales de cet organe complexe.

Ne nous sentons pas fragiles devant l'inconnu. Affirmons-nous devant lui. Forçons-le à capituler et à nous servir à force d'audace et de magnétique persuasion.

Pourquoi ne s'habitue-t-on pas à regarder le hasard simplement et à le dépouiller de terreur ? Si l'on vous prévenait de tout ce qui doit vous atteindre, en auriez-vous peur ? Vous sauriez sans doute prévoir et atténuer certains heurts, les empêcher peut-être. C'est ainsi qu'il faut agir.

Il faut ne jamais s'endormir et toujours veiller. Il faut rejeter comme une erreur affaiblissante et une injustice la doctrine du fatalisme outré, qu'on en garde quelques parcelles pour se défendre du désespoir au sein des ténèbres que notre esprit n'a point encore éclairées, cela est sage, mais il ne faut point en faire une complète doctrine.

Agir. Tout est là. C'est le moyen du bonheur et du triomphe.

Chassons de notre âme la crainte et mettons-y la force, la belle résistance intelligente. Affirmons-nous, nous qui pensons et dominons toute la matière, nous qui sommes des humains en qui l'Univers a placé tous les dons et toutes les essences merveilleuses.

On accable injustement le hasard, on lui reproche toutes les désillusions, toutes les souffrances, toutes les larmes. Il porte à lui seul le poids de toutes nos faiblesses, de nos erreurs et de nos imprévoyances. Ces cris d'imprécation qui montent à lui ne sont que des blasphèmes. C'est l'humain qui se supplicie lui-même parce qu'il demeure ignorant de la science admirable qui le peut défendre. On maudit le hasard parce qu'on ne sait pas guider vers et contre lui la machine pourtant si parfaite qu'est l'être humain.

Quand l'homme se sera bien persuadé qu'à part la mort, mystère inexpliqué encore mais non terrifiant, le hasard n'existe pas, il comprendra que nulle force ne peut être opposée à la sienne.

Je dis que le hasard n'existe pas et quand je mets à part la mort, c'est même une erreur, puisque la mort est attendue de tous et prévue, seul l'instant précis de son atteinte nous est inconnu. Donc, en analysant toutes choses, le hasard est niable, car tout ce qui arrive n'est point nouveau et peut être prévu.

L'affirmation triomphante de l'humain face au hasard, c'est la prévoyance.

Il est aidé en cette tâche par des agents mystérieux venus de l'Univers : j'ai dit comment il reçoit les impressions sympathiques raisonnées ou instinctives de cet Univers qui a fait de l'homme sa merveille et l'expression de la perfection en tant que créature.

Il faut juger le hasard non sur ce qu'il fait, mais sur ce que nous faisons.

Dites-vous d'une automobile qu'elle est une voiture sans valeur et sans qualité parce qu'elle vous a vidés dans un fossé ou lancés contre un arbre ? Vous parlez seulement du conducteur et vous appréciez simplement ses qualités sans rendre responsable la voiture.

Mettez-vous bien ceci dans l'esprit : l'homme n'est pas guidé par des forces, il peut guider lui-même ces forces, il lui suffit pour cela de savoir vouloir et de savoir s'y prendre.

Même contre les forces encore fatales comme la mort, il aura une manière de s'affirmer et d'être, qui peut le faire, non maître, sans doute, mais tout au moins raisonnable et paré. — Sa défaite devant elle ne sera pas complète car il n'aura eu d'elle nulle terreur et elle n'aura pas contribué à diminuer ses énergies et à le réduire en sa royauté d'humain, dans la vie. Il sera demeuré lui-même, ferme, stoïque, joyeux, jusque devant sa fin et sa consécration définitive.

Affronter tous les inconnus, tous, même les plus obscurs, être devant tout, se dresser de toutes ses forces, de toute sa volonté, ne jamais céder, ne jamais capituler, voilà l'homme.

Toutes les forces personnelles sont résumées là.

Il faut aider le corps à lutter contre l'extérieur et l'esprit à lutter contre le corps. Il faut être digne de cette belle idée de « maître de l'Univers » que l'Univers a mis en nous.

Rappelons-nous que ce n'est pas à nous de prouver que le triomphe de l'homme sur le hasard n'est pas prouvé ; c'est à nous d'affirmer que c'est vrai. C'est à nous de dire : « Je veux », pour faire incliner devant nous toutes les erreurs, toutes les terreurs et toutes les faiblesses.

Il faut dresser au fond de la vie humaine, non l'image vaincue de l'homme devant la fatalité, mais celle triomphante, et apaisante, de la volonté de la force, intelligente et lumineuse, contre les forces obscures.

TABLE DES MATIÈRES

I. — L'HOMME DEVANT LE HASARD

Le hasard : ce qu'il est ; théories diverses....	7
L'expérience physique et morale de la souffrance et du danger crée la force personnelle.	19
Il faut croire en sa force intime et posséder la parfaite conscience du moi................	22
Conscience du moi........	35

II. — HUMANITÉ ET UNIVERS

L'Univers et l'Homme.....................	45
Entre la puissance qui gouverne toutes choses et nous, il y a un lien perceptible dont nous trouvons en notre personnalité des traces saisissables........	53
L'homme est une force, parce qu'il n'y a dans l'Univers aucune force supérieure à la pensée.	74

III. = FORCES PSYCHIQUES, NATURELLES ET UNIVERSELLES

Il y a une lutte puissante, une pression mystérieuse des forces de l'âme, du corps et du hasard........	83

IV. — ÊTRE FORT, C'EST VAINCRE L'INCONNU

Il ne faut jamais perdre courage. Celui qui ne croit pas en lui ne réussit en rien.......... 99

V. — A LA GUERRE. DEVANT LA MORT

Il est salutaire de voir la mort en face et d'en préparer la possibilité de toutes les forces de l'intelligence. — Ne rien craindre. — La mort s'éloigne de qui l'envisage sans épouvante et lui oppose le triomphe de ses forces vives............................ 109

VI. — CONCLUSION

Affronter le hasard. En faire la matière de son effort. S'affirmer devant lui. Etre......... 119

Documents manquants (pages, cahiers)
NF Z 43-120-13

www.ingramcontent.com/pod-product-compliance
Lightning Source LLC
Chambersburg PA
CBHW060153100426
42744CB00007B/1019